ちくま学芸文庫

# アショーカ王伝

定方晟訳



筑摩書房

# まえがき

むかし、インドにアショーカという王がいた。この王は仏教を保護したことで、仏教徒の敬愛のまとになった。かれの伝記は経典となって、仏教徒の心のなかに強く焼きつけられた。中国からインドへおもむいた法顕や玄奘は若いころ、この伝記に親しんだにちがいない。かれらのインド行きをうながしたもののなかに必ずやこの伝記の存在があることを私は疑わない。かれらはそのインド旅行記で、アショーカゆかりの地に立ちどまっては、本書にみられるようなアショーカの故事を物語るのである。

仏教経典のなかで第一の伝記はもちろんブッダ伝である。アショーカの伝記は第二の位置を与えられてもよいだろう。そして、アショーカ伝はブッダ伝にない魅力をそなえている。それはブッダが完成者であるのに対し、アショーカはわれわれと種々の共通点をもつ凡夫であったことによるだろう。その凡夫が煩悩をひきずりながら聖なる世界に近づこうとするところに、われわれをほろりとさせるものがある。

アショーカのような存在は現代のわれわれにとって、あまりにも非現実的である。かれを見ならい、かれに従ったら、この世はたちまち破綻するであろう。それにもかかわらず、われわれにとってかれのような存在は大きな慰めになる。なぜなら、生存競争に倦み疲れ、栄華の世界からほど遠いところにいるわれわれに、かれは徹底して世の空しさを示すからである。もちろん、このことからわれわれは──むかしの人々のように──隠遁的な道をたどる必要はない。現代のわれわれは世の空しさを知ることにより、現世的栄華への執着をたち、楽に生きる知恵をえればよいのである。そして、逆説的だが、このことによりわれわれはふたたび生きる力を回復し、他人をうらやまない充実した人生をおくることができるようになるだろう。

アショーカ(阿育)に対する敬愛の心は中国、日本にまで存在した。中国では阿育王寺または阿育王塔と称するものがいくつもつくられ、その塔のいくつかはアショーカ王のたてた八万四千の塔の一つだという主張さえなされた。敦煌の壁画のなかにもアショーカ伝が存在する。日本では『元亨釈書』が近江の石塔寺をアショーカ王の八万四千の塔の一つと記している。また、森鷗外も大村西崖とともに『阿育王事蹟』(一九〇九年)という本を書いて、アショーカへの関心を示した。

まえがきを書いているいま、たまたま東京の国立博物館で正倉院宝物展が開かれている。世界的価値を有する宝物が一五四点も展示されるこの展覧会には連日、人が押しよせている。私も一日《いちじつ》もみくちゃにされながら、この展示をみた。すばらしい宝物の陳列であった。これらは聖武天皇遺愛の品で、妃の光明皇后によって東大寺に寄進されたものだという。私は長さ一五メートルという国家珍宝帳にぎっしり書きこまれた宝物の目録をみ、また冒頭の「太上天皇、国家の珍宝等を捨てて東大寺へ入《い》れ」という文字をみたとき、アショーカの五年大会の行事を思いおこした。中国求法僧の法顕によれば、西暦四〇〇年ごろ中国領中央アジアの一王が五年大会を行なっている。アショーカの旺盛な布施の精神は日本にまではるばると伝わったのである。

本書のアショーカ伝は史実からはほど遠いが、古代インドの仏教徒の世界観・人生観、すなわち心の世界を描いたものとしては、百パーセントの真実性をもっている。このつたない書物が、いまは忘れられつつある仏教思想の一端を世に紹介することができれば幸いである。

本書の出版は相談がまとまってから完成までに半年をしか要していない。七月はじめ法蔵館の美谷克美氏と吉岡司郎氏が京都から東名を車をとばして神奈川の東海大学の私の研究室にみえたとき、私は具体的な案をもたず、著述の話には気乗りうすであった。しかし、研究室で三人で話しあっているうち、アショーカ王伝の翻訳はどうかということになり、私は一転してやる気になった。夏休みに入ると早々、翻訳に専念し、八月末には原稿を送った。それからあっという間に校正刷りが送られてきた。この速さは美谷氏、吉岡氏はじめ法蔵館の方々、および印刷所の方々の御厚意の賜だと思う。吉岡氏にはその後も連絡、写真収集、索引作成についてたいへんお世話になった。以上の方々に心からお礼申しあげたい。

一九八一年十一月十五日

定方　晟

# 目次

# アショーカ王伝

# 一　土くれの布施

世尊《せそん》は*ラージャグリハにおいて、*カリンダカの寄進になる竹園《ちくおん》に滞在していた。ある日、世尊は早朝に身仕度をして、鉢と上衣を手にとり、比丘《びく》衆をしたがえ、その先頭にたち、ラージャグリハへ乞食《こつじき》にやってきた。ここに詩がある。

三五*　*金山《きんざん》に似る　妙軀《みようく》もて
象の如くに　鷹揚に
望月《もちづき》おもわす　顔をして
世尊は比丘の　むれつれて
ラージャグリハに　入りたもう

さて、世尊はある*意図を秘めて城門に足をふみいれた。いったい、仏・*世尊がなにごとかをなそうとして城門のしきみに足をふみいれるときは、種々の奇蹟が現われるきまりになっている。盲者は眼を獲得し、聾者は聴覚器官を回復し、足なえは歩く能力を回復する。

木のかせ、鉄のくさりにつながれている人々からは、かせやくさりがはずれる。何度うまれ変っても敵意につながれている人々はたちどころに慈悲心を獲得する。子牛は綱をきって、母牛のところへ行くを得る。象は叫び、馬はいななき、牛はほえる。おうむ、*舎利《しゃり》鳥、コーキラ鳥、ジーヴァンジーヴァカ鳥、孔雀などが甘い声でさえずる。*箱にしまってある装身具（*腕輪など）が甘美な音をたてる。だれも鳴らさないのに、種々の楽器が美しい音をだす。地上の突きでているところはくぼんで平らになる。くぼんでいるところは盛りあがって、平らになる。石、砂利、かわらけなどは地下にもぐって、姿を消す。また、このとき、大地は六種に震動する。すなわち、*東の部分が踊りあがって、西の部分が沈み、西の部分が踊りあがって、東の部分が沈み、南の部分が踊りあがって、北の部分が沈み、北の部分が踊りあがって、南の部分が沈み、中央の部分が踊りあがって、周辺の部分が沈み、周辺の部分が踊りあがって、中央の部分が沈む。以上の奇蹟および他の奇蹟が世尊の入城の際におこったのである。ここに詩がある。

五六　海の水をば　衣《ころも》とし
都と町を　飾りとし
山をのせたる　この大地
牟尼《むに》の歩みに　ふまるるや

風に打たるる　船のごと。

また、仏の入城のときに限られるこの奇蹟に女も男も深く感動した。かのラージャグリハの都は、波が風の力でゆさぶられ、砕け、走りまわる大海のごとく、また、大きな音をたてる大海のごとくであった。実に、世には、仏の入城のときのに等しい奇蹟はほかにありえないのである。世尊の入城のときにのみ、種々の奇蹟がみられるのである。ここに詩がある。

二七　仏の威光の　力にて
大地の低きは　もりあがり
高きは沈み、切株や
小石やいばらは　姿けし
害なきものと　なりはてる。
めしい、耳なえ　足なえは

ブッダの王舎城入城。ブッダ（右から6番目）の背後に護衛者・執金剛神(Vajrapāṇi)。その背後に僧（弟子アーナンダであろう）。ブッダの前方にいるのは王舎城の住人（女性？）で、胸の前に下げた布袋に切り花を入れ、それを掴んで歓迎のためにブッダの頭上に撒き散らしている。左の隅にはブッダへの供物を持つ住人がいる。

瞬くうちに　美しき
器官をそなえ、楽《がく》の音は
人手ふれずに　鳴りだして
都人《みやこびと》をば　喜ばす。

そして、仏のからだから出る、千の太陽をもしのぐ、黄金の輝きの色をもつ光によって、ラージャグリハの都全体が照しだされたのである。ここに詩がある。

五六　仏の光は　陽光を
しのいで世界の　すみずみに
森蔭にまでも　遍満《へんまん》す。
妙法説かんの　意欲みち
天・人・阿修羅の　世界をば
生の縛から　解きはなつ。

さて、世尊は都大路に入った。その道に二人の男の子がいた。一人は最上流の家の子供で、もう一人は上流の家の子供で、どろんこの家をつくって遊んでいた。一人はジャヤという名であり、もう一人はヴィジャヤという名であった。かれらは世尊がからだに*三十二大人相をそなえ、美しい姿をしているのを見た。子供のジャヤは「麦こがしをあげましょう」といって、一すくいの土くれを世尊の鉢のなかに入れた。ヴィジャヤは合掌して、ジャヤとともに歓喜の意をあらわした。ここに詩がある。

五九　子供はみたり　大慈悲者
　　*自然生者《じねんしょうじゃ》の　全身が
　　*円光中に　かがやくを。
　　確《かく》たる御顔《みかお》に　信おこし
　　脱生死者《だつしょうじしゃ》（＝仏）に　つち捧ぐ。

ジャヤは世尊に施物《せもつ》をささげたあと、願《がん》をおこした。
「この善根《ぜんこん》によって、私は*大地を一つの傘の下に収め、その王となることができますように。また、そのとき、仏・世尊に供養しますように。」

六〇　牟尼は子供の　こころ知る。

土くれの布施

ジャヤの正しき　発願を。
＊福田《ふくでん》たのみて　果を望み
善の種まく　子供みて
慈悲もてつちを　受けとれり。

こうして、ジャヤは王となるべき善の種をまいたのであった。
このとき、世尊は微笑を示した。いったい、諸仏・世尊が微笑を示すときは、青、黄、赤、白、真紅、透明色、銀色の光線が口からあらわれるきまりになっている。ある光線は上に向い、ある光線は下に向う。下に向う光線は等活地獄、＊黒縄《こくじよう》地獄、衆合《しゆごう》地獄、叫喚《きようかん》地獄、大叫喚地獄、炎熱地獄、大熱地獄、および最下の阿鼻《あび》地獄に達し、寒地獄で苦しむものはその光をあびて暖まり、熱地獄で苦しむものはその光をあびて涼まる。このとき、かれら地獄の衆生の残りの苦しみがとり除かれる。すると、かれらは考える。「おのおのがた、われわれは地獄の外へ出たのだろうか。ほかの場所に生まれかわったのだろうか。それで、われわれの残りの苦しみがとり除かれたのだろうか。」このとき、世尊はかれらに信仰心をおこさせようと思って、一人の化身を地獄へ送る。地獄の衆生たちは考える。「われわれは地獄の外へ出たのではない。ほかの場所に生まれかわったのでもない。前には見たことのないこの人のおかげで、われわれの残りの苦しみがとり除かれたのだ。」かれらはこの化身に信仰心をおこし、地獄の苦しみをひくもろもろの業を消滅させ、人・天界に生まれかわり、そこで真理をうけいれる器《うつわ》となるのである。

上に向う光線は*四大王衆《しだいおうしゅ》天、三十三天、夜摩《やま》天、都史多《とした》天、楽変化《らくへんげ》天、他化自在《たけじざい》天、梵衆天、梵輔天、大梵天、少光天、無量光天、極光浄天、少浄天、無量浄天、遍浄天、無雲天、福生天、広果天、無煩天、無熱天、善現天、善見天、および最上の阿迦尼瑟吒《あかにした》天の諸神のところに達し、「無常、苦、空、無我」と述べたてる。ここで、二つの*偈《げ》が説かれる。

六一　汝らつとめよ　出家せよ
仏の教えを　遵守せよ。
死の軍隊を　打ちやぶれ
象が蘆《あし》小屋　破るごと。

六二　これなる仏の　みおしえに
勤めて、放逸　ならざれば
生の輪廻を　脱け出でて
憂苦《うく》をほろぼす　ことをえん。

さて、かの光線は三千大千世界をめぐりおえると、ふたたび世尊のところに戻ってくる。世尊がもし過去の業《ごう》のことを述べたいと思うなら、光線は背中から世尊のからだに入っていく。もし未来の業のことを述べたいと思うなら、光線は前方から入っていく。もし地獄への転生を予言しようと思うなら、光線は足裏から入っていく。畜生界への転生を予言しようと思うなら、光線はかかとから入っていく。餓鬼界への転生を予言しようと思うなら、光線は足指から入っていく。人間界への転生を予言しようと思うなら、光線は膝から入っていく。*鉄輪王に関することを予言しようと思うなら、光線は左の手のひらから入っていく。*金輪王に関することを予言しようと思うなら、光線は右の手のひらから入っていく。天界への転生を予言しようと思うときは、光線はへそから入っていく。*声聞《しょうもん》の悟りを予言しようと思うときは、光線は口から入っていく。*縁覚《えんがく》の悟りを予言しようと思うときは、光線は*白毫《びゃくごう》から入っていく。無上正等菩提《むじょうしょうとうぼだい》（菩薩《ぼさつ》の悟り）を予言しようと思うときは、光線は*肉髻《にっけい》から入っていく。しかも、光線は*三千世界から戻ってくると、まず仏のからだを三回、*右遶《うにょう》して、そのあとそれぞれの場所から仏のからだに入るのである。

ところで、仏はいま微笑を示し、からだから光を出した。その光は世尊を三回右遶して、世尊の左の手のひらから入った。それをみた長老*アーナンダは合掌して、次の偈をのべた。

六三　生存、悲惨　激情を

すてし諸仏《しょぶつ》は　世の中の
最高因ぞ。　理由なく
蓮《はす》の根《ね》白き　歯をみせて
敵征圧者（＝仏）は　微笑せじ

六四　いま自らの　時なると
知恵にて知れよ　大雄《だいゆう》（＝仏）よ。
聴衆おこせり　好奇心
かれらの疑い　除かれよ。
堅固・無上の　言葉もて。

六五　*牛王《ごおう》のやさしき　まなこして
雷鳴の声　もつ方よ。
土の布施の　果について
予言なされよ　よき人よ。

世尊はいった。「そのとおりだ、アーナンダ。そのとおりだ、アーナンダ。*如来《にょらい》・阿羅《あら》漢《かん》・正等覚者《しょうとうがくしゃ》はすべて、因縁なしに、微笑を示すことはない。如来・阿羅漢・正等覚者は因縁あるがゆえに微笑を示すのである。アーナンダよ、おまえは如来の鉢に一掬《きく》の土を入れた子供をみたか。」「みました、大徳《だいとく》よ。」「アーナンダよ、この子供はこの善根を植えたことによって、如来の*般涅槃《はつねはん》後、百年して、パータリプトラの都にアショーカという名の王となって生まれ、*世界の四分の一を支配する正義の王、法の王となり、私の遺骨を各地に広め、八万四千の*塔をたて、多くの衆生の利益のために貢献することになろう。」

六「われ死せるのち　王いでん
その名アショーカ　世にひびかん。
わが*舎利《しゃり》塔で　*贍部《せんぶ》洲
全土をかれは　荘厳《しょうごん》せん。
人、神、この塔　供養せん。

これが如来の鉢に一掬の土を布施したことの果報なのだ。」そういうと、世尊は土を全部、長老アーナンダに渡し、それに牛糞をまぜて、如来の*経行する場所に塗るように命じた。長老アーナンダはそれに牛糞をまぜて、世尊が経行する場所に塗った。

# 二　太子選定

その時、都ラージャグリハでビンビサーラ王が政治をとっていた。ビンビサーラ王の息子はアジャータシャトルであった。アジャータシャトルの息子は*ウダーインであった。ウダーイバドラの息子はムンダであった。ムンダの息子は*カーカヴァルニンであった。カーカヴァルニンの息子はサハリンであった。サハリンの息子はトゥラクチであった。トゥラクチの息子はマハーマンダラであった。マハーマンダラの息子はプラセーナジットであった。プラセーナジットの息子はナンダであった。ナンダの息子はビンドゥサーラであった。都*パータリプトラでビンドゥサーラという名の王様が政治をとっていた。ビンドゥサーラ王に息子が生まれた。その子にスシーマという名がつけられた。

その時また、*チャンパーの町に一人のバラモンがいた。かれに一人の娘が生まれたが、その娘は美しく、愛らしく、優雅で、民衆のアイドルとなった。占い師達が彼女を占ったが、それによると、彼女は将来王様を夫とするであろう、二人の王子を生むであろう、王子のひとりは世界の四分の一を治める転輪聖王となるであろう、もうひとりの王子は出家して悟りをひらくであろう、というのである。それを聞いてバラモンは身の毛のたつほど喜んだ。世間は栄達を好むものなのである。かれはこの娘をつれてパータリプトラへやってきた。かれは彼女をありとあらゆる飾りで飾りたて、ビンドゥサーラ王の妃にしてもらおうとさしだしていった。「王よ、これは幸運に満ちた評判のよい娘でございます。」こうして彼女はビンドゥサーラ王によって後宮に迎えられるようになった。まえからの後宮の女達はこう思った。「この女はきれいで優雅で人々のアイドルだ。もし王様が彼女と床をともにしたら、王様はもう私達を見むきもしなくなるでしょう。」

彼女たちは彼女に理髪の仕事を教えこんだ。彼女は王の髪とひげの手入れをするまでにその仕事に上達した。彼女が王の髪とひげの手入れを始める時、王は横になっていた。ある時、満足した王は彼女に褒美をとらせようと思い、尋ねた。「おまえはどんな褒美がほしいか。」彼女は答えた。「王様が私と床をともにして下さることです。」王はいった。「おまえは理髪師である。私は王であり、クシャトリヤであり、灌頂を受けたものである。どうしておまえが私と床をともにすることなどできよう。」彼女はいった。「王様、私は理髪師ではございません。私はバラモンの娘です。父は私を王様の妃にとさしだしたのです。」といった。「だれがおまえに理髪の仕事を教えたのか。」彼女はいった。「後宮の女官達です。」王はいった。「もうこれからは理髪の仕事をしてはいけない。」そして王は彼女を第一王妃にし、彼女とたわむれ、楽しみ、交わった。

彼女はみごもった。そして八カ月か九カ月たったとき子供を生んだ。その子は男の子であった。誕生の祝を立派にすませると、王子にどんな名前をつけたらよいかということになった。*王妃はいった。「この子が生まれたので、憂いがなくなった。」そこでこの子にアショーカ（「憂いなし」の意）という名をつけた。やがて二番目の男の子が生まれた。母親の憂いがすでに取り除かれていたときに生まれたので、この子に*ヴィガタショーカ（「憂いが取り除かれていた」の意）という名前をつけた。

　アショーカは粗《あら》いからだをしていた。ビンドゥサーラ王は彼を愛さなかった。あるとき、ビンドゥサーラ王は太子選定をしようと思って、出家僧のピンガラヴァッツァージーヴァに問いかけた。「和上《わじょう》よ、太子選定をしようと思う。私の死後、だれが政治をとる能力があるだろうか。」出家僧ピンガラヴァッツァージーヴァはいった。「では、王様、王子たちをつれて、黄金離宮苑へいらっしゃいませ。そこで選定いたしましょう。」

　王は王子たちをつれて、黄金離宮苑へおもむいた。アショーカ王子の母はアショーカにいった。「息子よ、王様は太子選定をしようと思って、黄金離宮苑へ行きました。あなたもそこへ行きなさい。」アショーカはいった。「王様は私をみるのも嫌っています。そこへ行ったとて何になりましょう。」母はいった。「よいからお行きなさい。」アショーカはいった。「では、食事を届けて下さいね。」

　アショーカがパータリプトラ市を出発しようとしたとき、第一大臣の息子のラーダグプタがかれに尋ねた。「アショーカよ、どこへ行くのですか。」アショーカはいった。「今日は王が黄金離宮苑で太子の選定をするのです。」*ラーダグプタは自分の老象をアショーカに与え、それに乗っていくように勧めた。アショーカはその老象に乗り、黄金離宮苑にやってきて、他の王子たちのあいだの地面の上に坐った。*他の王子たちは金の座具、銀の座具にすわり、おいしい弁当が届けられてきていた。アショーカには凝乳をまぜた米のごはんが陶器に盛られて送られてきた。

さて、ビンドゥサーラ王は出家僧ピンガラヴァッツァージーヴァにいった。「和上よ、王子たちを吟味してくれ。私が死んだあと、だれが政治をとる能力があるかを。」出家僧ピンガラヴァッツァージーヴァは王子たちを見、次のように思った。「王になるのはアショーカである。だが、かれは王に好かれていない。もし私が「王になるのはアショーカです」といったら、私の命があぶない。」そこで、かれはいった。「王よ、名前をあげずに予言しましょう。」王はいった。「名前をあげずに予言せよ。」ピンガラヴァッツァージーヴァはいった。「立派な乗物をもっているひと、そのひとが王になるでしょう。」王子たちはめいめい、心の中で「自分の乗物こそ立派な乗物だ、王になるのは自分だ」と考えた。アショーカは考えた。「私は象の背に乗ってやってきた。私の乗物こそ立派である。王になるのは私だ。」

ビンドゥサーラ王はいった。「和上よ、さらに吟味してくれ。」出家僧ピンガラヴァッツァージーヴァはいった。「最上の座具をもつもの、そのものが王になるでしょう。」王子たちはめいめい心の中で「自分の座具こそ最上の座具だ」と考えた。アショーカは考えた。「私の座具は大地である。王になるのは私だ。」このようにして、食器、食べもの、飲みものについても同じことが行なわれた。そのたびにアショーカは思った、土の器は第一の器である、凝乳入りご飯は第一の食べものである、水は第一の飲みものである、等と。ピンガラヴァッツァージーヴァはこのように種々の吟味をしおえると引きさがった。

さて、アショーカの母がアショーカに尋ねた。「だれが王になると予言されましたか。」アショーカはいった。「名前をあげずに予言が行なわれました。最上の乗物、座具、飲みもの、食器、食べものをもつ者が王になるというのです。私が思うに、私こそ王になるでしょう。私の乗物は象の背であり、座具は大地であり、食器は土製であり、食べものは凝乳入りの米のご飯であり、飲みものは水だったからです。」

ところで、出家僧ピンガラヴァッツァージーヴァは「アショーカが王になる」と考えて、かれの母にとり入りはじめた。彼女はかれにいった。「和上よ、ビンドゥサーラ王の亡きあとはどの王子が王になりますか。」かれは「アショーカです。」と答えた。彼女はいった。「ビンドゥサーラ王はいつかあなたに太子選定のことでやかましくきいてくるにちがいありません。ここを立ち去って、辺境の地に隠れなさい。アショーカが王になったと聞いたら、またいらっしゃい。」ピンガラヴァッツァージーヴァは辺境の地の人々のあいだに身を隠した。

あるとき、ビンドゥサーラ支配下のタクシャシラー*という名の都市が反乱をおこした。そこで王はアショーカを派遣することにした。「行け、王子よ、タクシャシラー市を攻囲せよ。」しかし、王は王子に四兵*を与えたのみで、戦車や武器は与えなかった。アショーカがパータリプトラを出発するとき、家来たちが告げた。「王子よ、われわれには輜重《しちょう》も武器もありません。何を使って、誰と戦うのですか。」するとアショーカがいった。「もし私に政治をとるにふさわしい福徳があるなら輜重と武器は現われよ。」王子がこのようにいうと、地面に穴があき、神々が輜重と武器を出してくれた。そこで王子は四兵をひきいてタクシャシラーへおもむいた。タクシャシラーの市民たちは報せをきいて二ヨージャナ*半さきまで道を飾りたて、供物を満たした壺をもって出迎えた。出迎えて彼等はいった。「私達は王子にさからっているのではありません。ビンドゥサーラ王に逆らっているのでもありません。悪い役人達が私達に非道なことをするのです。」こうして王子は威風堂々とタクシャシラーに入城した。

王子はさらにカシャ*国へも同じように入城した。二人の力士がアショーカに帰投した。かれらはアショーカから封禄をもらい、かれの先にたって山をきりひらきつつ進んだ。神々がいった。「アショーカは世界の四分の一の転輪聖王になるであろう。何人《なんぴと》もかれにそむいてはならない。」アショーカはのち海にいたるまでの大地を征服した。

ある時スシーマ王子が庭園からパータリプトラへもどってきた。ちょうどその時ビンドゥサーラ王の第一大臣がパータリプトラから出ようとしていた。かれの頭は禿*げていた。スシーマ王子はふざけてかれの頭をこぶしでたたいた。その時大臣は考えた。「王子はいまからこぶしでたたいたりする。かれが王になった時は刀でたたくかもしれない。私はかれが王にならないような手だてをとろう。」かれはつぎのようにいって五百人の大臣達をスシーマから離反させた。「アショーカが世界の四分の一を支配する転輪聖王となることがまさしく予言されている。われわれはかれを王位につけよう。」

　タクシャシラーがまた反乱をおこした。王はスシーマ王子をタクシャシラーへ派遣した。スシーマは反乱を鎮圧することができなかった。ビンドゥサーラ王は病気になった。王はいった。「スシーマ王子をよびもどせ。私はかれを王位につけようと思う。アショーカをタクシャシラーへ派遣せよ。」すると大臣たちはアショーカ王子のからだに*鬱金《うこん》をぬりつけ、*赤染料を銅鍋で煮て、その煮汁をいくつもの銅の器《うつわ》にぬりつけ、器をまき散らしておいて、「アショーカ王子は病気です」といった。ビンドゥサーラ王が余命いくばくもない状態になったとき、大臣たちはアショーカをありたけの飾りで飾りたて、王のところへ連れてきていった。「とりあえずアショーカを王位におつけなさいませ。スシーマが還ってきたら、そのとき

冠帯（ただしアショーカの冠帯がこれと同じかどうかは不明）

かれを王位につけましょう。」それを聞くと王は怒った。アショーカはいった。「もし道理として私が王位につくべきものなら、神々は私の頭に冠帯*をつけて下さいますように。」すると神々が彼の頭に冠帯をつけてくれた。ビンドゥサーラ王はそれをみるや、熱い血を口から吐いて息たえた。

　アショーカが王位についたとき、その報せを上方一ヨージャナで夜叉《やしゃ》*たちが聞き、地下世界一ヨージャナで龍神たちが聞いた。アショーカはラーダグプタを大臣とした。スシーマはビンドゥサーラ王が死に、アショーカが王になったことを聞くと、激怒し、ただちにその居所を出発した。アショーカもまたパータリプトラの都の第一の門に一人の力士を配置し、第二の門に第二の力士を配置し、第三の門（北門*）にラーダグプタを配置し、東の門にはアショーカ王みずからがあたった。ラーダグプタは東の門に機械じかけの象を置き、それにアショーカ王の人形をのせ、門の前に堀をほり、堀にカディラ樹の炭火を満たし、草で覆い、砂をまきちらしておいた。スシーマ*はまず第三の門へ攻め寄せてきた。ラーダグプタはいった。「いまアショーカは東の門におります。そこから攻め入りなさい。もしお入りになれたら、私はただちにあなたの臣下になりましょう。もしアショーカを殺すことができないなら、この門から入っても、何もならないでしょう。」そこでスシーマはアショーカと戦うべく東の門に向かった。そして、炭火のいっぱい満ちた堀に落ち、その中で一命をおとした。スシーマが死んだとき、バドラーユダという名のかれの力士が数千の部下をひきいて、世尊の教えに従って出家し、阿羅漢道*を獲得した。

# 三　残忍アショーカ

アショーカは王位についたが、大臣たちはかれを軽んじた。王は大臣たちにいった。「卿《けい》らよ、花樹と果樹を伐採し、それでいばらの灌木を囲いなさい。」大臣たちはいった。「王は何を考えているのだろう。むしろ、いばらの灌木を伐採して、花樹と果樹を囲いなさいというべきじゃないか。」かれらは三度にわたって王の命令を無視した。王は怒って剣を抜き五百人の大臣の首を切り落した。

あるとき王は後宮の女官たちにとりまかれて、都の東の庭園に赴いた。ときは春で、樹木は花をつけ、果実をつけていた。王は庭園を散策しているうちに、美しい花をつけたアショーカ樹に目をとめた。「この樹は私と同じ名前をもっている」と思うと、アショーカ樹に愛情がわいた。しかし、アショーカ王のからだは美しくなかったので、若い女官たちは彼と触れることを喜んでいなかった。それで、かれが昼寝をしているとき、女官たちは腹いせにかのアショーカ樹の花や小枝を折りすてた。王は昼寝から目ざめると、アショーカ樹をみて尋ねた。「だれがあれを折ったのだ。」「王よ、女官たちです。」という答をきくと、王は激怒して、五百人の女たちを竹*すだれに閉じこめて焼き殺した。人々はかれのこのような残虐行為をみて、「王は残忍だ、残忍アショーカだ」というようになった。
そこで、第一大臣のラーダグプタがいった。「王よ、このような非道なことを御自分でなさるのはよろしくありません。王のために死刑囚を殺す人間を任命なさいませ。かれが王の死刑執行命令を実行するでしょう。」そこで王は家臣たちに命じた。「私のために死刑執行人を探してまいれ。」

さて、ほど遠くない山の麓に一つの村があった。そこに一人の織物師が住んでいて、男の子が生まれ、ギリカという名前がつけられた。この子は残虐で、性悪《しょうわる》で、母と父を怒鳴りつけ、少年少女を殴りつけ、蟻、蜂、ねずみ、魚などを網や釣針でとらえては殺していた。残忍な少年なので、かれには「残忍ギリカ」というあだながつけられた。この男が悪事をやっているところに王の家来たちが出あわした。かれらはかれにいった。「おまえはアショーカ王のために死刑執行を引きうけることができるか。」かれはいった。*「世界中の悪人から依頼されても引きうけますよ。アショーカ王ひとりの依頼くらい易いものです。」このことが王に報告されると、王はかれを連れてくるように命じた。王の家来たちはかれ

アショーカ樹と女神
バールフト仏蹟、前１世紀

に「来なさい、王がおまえをお召しになっている」といった。かれはいった。「ちょっと待って下さい。母と父に挨拶してきますから。」かれは両親に「お母さん、お父さん、お許しをいただきたいのです。私はアショーカ王のための死刑執行人になるために出かけます」といった。両親は反対した。かれは両親を殺害した。王の家来たちが「どうしてこんなに遅くなったのか」ときくと、かれは起こった出来事をくわしく説明してやった。こうしてかれは王の家来たちにつれられて王のもとにやってきた。かれは王に向かっていった。「私のために家を造って下さい。」王は入口だけ楽しそうな、この上なく美しい家をつくってやった。この家に「楽しき牢獄」という名がつけられた。ギリカはいった。「王よ、ひとつ私の願いをききとどけて下さい。一旦ここに入った者は二度とここから出させないようにしたいのですが。」王は「そのようにせよ」と答えた。

さて、かの残忍ギリカは鶏園寺《けいおんじ》*へおもむいた。すると、ある比丘が『賢愚経《げんぐきょう》』*を唱えていた。

「ある衆生は地獄に生まれかわる。獄卒はかれらをつかまえて、真赤に焼けた焔のもえたつ鉄の地面にあおむけに寝かせ、鉄製のかんぬきで口をこじあけ、真赤に焼けた焔のもえたつ鉄丸を口のなかに押しこむ。鉄丸はかれら衆生の唇を焼き、舌を焼き、喉を焼き、食道、心臓、心臓の周囲、内臓、腸を焼き、下から脱けでていく。比丘たちよ、地獄の苦しみは実にこのようなものである。」

「ある衆生は地獄に生まれかわる。獄卒はかれらをつかまえて、真赤に焼けた焔のもえたつ鉄の地面にあおむけに寝かせ、鉄製のかんぬきで口をこじあけ、溶けた銅を口に流しこむ。銅はかれら衆生の唇を焼き、舌を焼き、口蓋を焼き、喉を焼き、食道、内臓、腸を焼き、下から脱けでていく。比丘たちよ、地獄の苦しみは実にこのようなものである。」

「ある衆生がいて地獄に生まれかわる。獄卒はかれらをつかまえて、真赤に焼けた焔のもえたつ鉄の地面にうつぶせに寝かせ、真赤に焼けた焔のもえたつ鉄の糸でもってかれらの身体に線をひき、真赤に焼けた焔のもえたつ鉄製のちょうなでもってかれらの身体を削り、切り、刻み、肉を八分の一切り、六分の一、四分の一、切る。曲線に切り、丸く切り、下から上に向かって削《そ》ぎ、上から下に向かって削ぎ、静かに削ぎ、乱暴に削ぐ。比丘たちよ、地獄の苦しみは実にこのようなものである。」

*「ある衆生がいて地獄に生まれかわる。……」

「ある衆生がいて地獄に生まれかわる。獄卒はかれらをつかまえて、真赤に焼けた焔のもえたつ鉄の地面にあおむけに寝かせ、五処縛の刑罰を科する。すなわち、左右の手に鉄のくさびを打ちこみ、左右の足に鉄のくさびを打ちこみ、胸の真中に鉄のくさびを打ちこむ。比丘たちよ、地獄の苦しみは実にこのようなものである。」

　残忍ギリカは「こいつが五つの責苦だな」と悟ると、さっそく同じような刑罰の道具を準備した。

さて、シュラァーヴァスティーのある商人が妻をつれて大海に出ていった。妻は大海で子供を生んだ。男の子であった。この子にサムドラ（海）という名前がつけられた。そうこうして十二年たったとき、かれらは大海から陸にあがった。ところがこの商人は五百人の盗賊にとらえられ、殺された。そこで、商人の息子のサムドラは世尊の教えに近づき、出家した。かれは諸国を乞食遊行《こつじきゆぎょう》してパータリプトラへやってきた。かれは早朝に身仕度をして、鉢と衣を手にとってパータリプトラへ食事を乞いに入っていった。かれはなにも知らなかったので、「楽しき館」へ入ってしまった。楽しそうにみえるのは入口だけであった。彼は地獄のように恐しい館の内部をみると再び外へ出ようとした。しかし、残忍ギリカがかれを見つけてつかまえ、いった。「おまえはここで死なねばならない。」*（ここに詳しい描写を挿入すべし。）すると、比丘は悲痛のあまり泣きだした。ギリカがいった。「なぜ、子供のように泣くのだ。」比丘は述べた。

六七　この身の破滅は　悲しまず。
解脱の法の　障害が
大きくわれに　のしかかる。
それをばわれは　嘆くなり。

六八　得難《えがた》き人身《にんしん》　われは得て
めでたき出家と　なるをえて
シャカ族の獅子を　師としえて、
悟らぬうちに　死ぬ無念。

ギリカがいった。「おれは王から許可をもらったのだ。覚悟しろ。おまえに解放の道はない。」そこで比丘は悲痛な声で一カ月の猶予を懇願した。ギリカは七日の猶予を与えた。比丘は死の恐怖で心も顚倒し、「あと七日たつと私はもう存在じないのだ」と、そればかり考えた。

さて、七日目のこと、アショーカ王の一女官が一王子に懸想《けそう》し、彼を凝視し、言葉を交し、それをアショーカ王が目撃して、激怒して、二人を処刑場へ送ってきた。二人は鉄の臼に入れられ、すりこ木でつぶされ、骨だけになった。比丘はそれをみて、衝撃をうけ、次のように唱えた。

六九　ああ正《ただ》しくも　師はいえり、
慈悲に満ちたる　大聖は。
形あるもの　泡のごと、

堅固・永続　なきものと。

七〇
玉のかんばせ　いまいずこ、
まばゆき肢体　いまいずこ
おぞましいかな　輪廻の世、
愚者の興ずる　この世界。

七一
出離の手だて　いま得たり、
獄屋に住みし　この我は。
今日この手だて（舟）に　依り頼み、
迷いの海を　越えわたらん。

七二
かく海比丘《うみ》は　ひと夜じゅう
仏の教えに　専念し
あらゆる束縛　たちきって
羅漢の位に　達したり。

さて、その夜が明けると、残忍ギリカが比丘にいった。「比丘よ、夜が終わった。太陽が昇った。おまえの処刑のときがきたぞ。」すると比丘がいった。「獄主よ、私の夜も終わった。太陽が昇った。利他のときがきた。あなたの意のままにして下さい。」残忍ギリカがいった。「俺にはわからんぞ。いまの言葉を説明せよ。」そこで比丘がいった。

七三　わが胸からも　去りゆけり、
恐怖の大なる　暗やみが、
*五種障蓋と　煩悩の
巣窟たりし　暗やみが。

七四　叡知の太陽　われに出で、
心の空に　輝けり。
その光もて　われはみる、
ありのままなる　*三界を。

七五　われに利他の　ときぎたる、
師の行く道を　行くわれに。

獄主よ、いまは　この身をば、
汝の意のまま　処置すべし。

かくして、無慈悲で、冷酷で、他人の意などおかまいなしのギリカは腹を立てながら比丘を水の満ちた鉄の大鍋にほうりこんだ。それには人間の血、脂《あぶら》、小便、大便がまじっていた。ギリカはたっぷり燃料を使って火をつけた。しかし、多くの燃料を消費したにもかかわらず、水は熱くならなかった。ギリカはまた火をつけようとした。しかし、それでも火がつかないので、鉄鍋をのぞいてみると、比丘が蓮の上で*結跏趺坐《けっかふざ》しているのがみえた。それをみると彼はすぐに王にそのことを知らせた。王が数千の群集をともなって駆けつけると、比丘は教化の好機到来とばかり——

七六　鉄鍋中《ちゅう》の　水のなか
からだつかりし　かの比丘は
奇蹟を示して　とびあがる。
見守る衆生の　ただなかで
白鳥　空に　あがるごと。

そして、かれは種々の奇蹟を展開した。ここに詩がある。

七七　半身からは　水が出《い》で、
半身からは　火が出《い》ずる。
水だし、火を出《だ》し、空中に、
光るはさながら　草もえて
滝をば流す　山のごと。

七八　宙にあがった　比丘をみて
王はまなこを　見ひらいて
驚きつつも　手を合わせ、
仰ぎ見ながら　声をあぐ、
切に訊きたき　ことあり、と。

七九　汝の姿は、大徳よ、
人の姿に　等しくて、
奇蹟の威厳、人を超ゆ。

肩から火を出し、足から水を出す奇蹟。ただし写真は、シャカが舎衛城で示した奇蹟をあらわす。アフガニスタン・パイダーヴァ出土、二〜三世紀

納得ゆかじ、清き人、
いかなる素性、なれはもつ。

八〇 このこといまや　告げよかし、
汝《な》が威をわれが　知らんため
知りたるうえは　汝が法と
徳の威厳を　敬まわん。
力のかぎり、弟子として。

そこで、比丘は王が教えを摂受するであろうこと、仏の遺骨を広めるであろうこと、大衆の利益のために活躍するであろうことを知って、自らの徳を述べつつ、次のようにいった。

八一 大慈悲者あり、おお王よ。
一切煩悩　超克者。
論者のなかの　最高者。
われこの仏の　息子なり。

法に従い、有《う》を離る。

八二　自己調《ちょう》御者に　われ御さる。
涅槃に行きし　人により
涅槃にわれは　導かる。
輪廻離脱者、人牛《にんご》王《おう》、
われかれにより　解脱せり。

彼はさらにいった。「大王よ、あなたは世尊により予言をうけております。――わが般《はつ》涅槃ののち百年にして、パータリプトラの都に、アショーカという名の王が現われるであろう。彼は世界の四分の一を支配する転輪聖王となり、正義の王となるであろう。彼はわが遺骨を各地に広め、八万四千の塔を建てるであろう、というのです。それなのに王は地獄のような場所をつくって、何千という人たちを殺しておいでです。王よ、あなたは一切衆生から恐怖心をとり除くことがお出来になります。そして、世尊の心を満足させることが出来ます。」比丘は歌った。

八三　それゆえ王よ、施せよ、

慈悲乞《こ》う衆生に　安心を。
満たせよ世尊の　願望を。
広めよ持法の　仏舎利を。

すると、王は仏に対して信仰心をおこし、合掌して比丘に詫びつつ、唱えた。

八四　*十力《じゅうりき》（＝仏）の子よ、許されよ、
なれへの悪行　懺悔せん。
リシなる仏に　われ帰依す。
聖者の法に　われ帰依す。
よき僧団に　われ帰依す。

さらにまた

八五　仏を敬信　するゆえに
今日われ誓う、大地をば
勝者《しょうじゃ》（＝仏）の廟で　荘厳せん

白鳥、ほらがい、月、鶴に
姿の似たる塔廟で。

さて比丘は神通力をつかってこの獄屋を脱出した。そこで王も外へ出ようとした。すると残忍ギリカが合掌しつつ言った。「王よ、わたしはお約束をいただきました、ひとりもここからだささないと。」王はいった。「ではおまえはわたしを殺そうというのか。」「その通りでございます。」王はいった。「私達のうちどちらが先にはいったか。」残忍ギリカがいった。「私です。」すると王が呼ばわった。「だれかある。」獄卒たちが彼をとらえて処刑室になげいれ、焼きころした。そして、かの「楽しき牢獄」はとりこわされ、一切衆生から恐怖はとりのぞかれた。

# 四　八万四千の塔

さて、王は世尊の遺骨を各地にひろめようと、四兵をひきいて出発し、アジャータシャトルの建てた*桶塔を開掘して、遺骨を手にいれ、それを分けて、その一部を、遺骨をとりだした場所にもどし、塔をたてた。そして、第二の塔についても同様にし、*信仰の情熱にみたされながら、七つの桶塔からつぎつぎに遺骨をとりだしては塔をたてた。そして、ラーマグラーマへやって来た。すると龍神たちが王を龍宮へ案内した。彼等は王にいった。「ここでは我々が仏舎利の供養をいたします。」*王も納得した。そこで王はふたたび龍宮を辞した。ここに詩がある。

六　ラーマ村の　第八塔、
信仰あつき　龍たちが
守りてありき。アショーカは
これより舎利を　とるまじと
浄信いだいて、立ちされり。

王は金・銀・るり・はりで飾った小匣《ばこ》を八万四千個つくらせ、そのなかに舎利を収めた。さらに壺とかざりひもを八万四千つくらせ、その壺に小匣をいれて、それを夜叉たちの手に渡し、かれらを海にとどくかぎりの大地の小さな町、大きな町、中くらいの町に派遣した。そして人口一千万人をみたすところにひとつの塔を建てさせようとした。ちょうどその時タクシャシラーには三億六千万人の人間がいた。かれらは「小匣を三十六個ください」といった。王は考えた「もし舎利をできるだけ多くの土地にくばろうとするなら、かれらのいうことを認めることはできない。」王はひとつの計画を思いついた。彼はかれらに「三億五千万人だけ除去しよう」といった。かれらは慌てて、「それでは一匣で結構です」と

舎利容器。石製の壺（上）のなかに黄金の舎利容器（下）が入っていた。ビーマラン出土。

タクシラのダルマラージカー塔

いった。王は細かい命令を追加した。人口が基準の数をこえるところ（には余計な匣は与えないように）、基準の数に満たないところ、そこには匣を与えないように、と。

王はそれから鶏園寺《けいおんじ》にでかけ、上座ヤシャスに会見し、次のようにいった。「こんな希望が私にあります。八万四千の塔を同日同時刻に建てさせたいのです。」上座はいった。「希望を叶えてあげましょう。その時刻に私が太陽の面を手で覆いましょう。それを合図に全地上で塔の建築にとりかかるよう予め通達しておいて下さい。」さて、そのときになると、上座は手で太陽の面を覆った。八万四千の塔が同日同時刻に建てられた。ここに詩がある。

八七　古人のつくりし　七塔を
マウリヤの王、　きりひらき、
聖者の舎利を　　とりだして
八万四千《しせん》の　　塔つくる。
秋空に映ゆ　雲のごと。

こうしてアショーカ王は八万四千の塔を建て、正義の人、正しき王者となった。かれに「法のアショーカ」というあだながつけられた。ここに詩がある。

六

出自《しゅつじ》は高き　マウリヤ王、
衆生の利益の　ためなれと、
全土を塔で　埋めつくす。
残忍アショーカ　このゆえに、
法アショーカの　名をえたり。

アショーカ王は仏の教えに帰依してまだ間もないうちに、シャカの弟子たちが集まっているところ、あるいは一人でいるところを目撃すると、ただちに彼らの足に自分の頭をつけて挨拶するようになった。王にヤシャスという名の大臣がいて、世尊に対する熱心な帰依者であったが、このヤシャスが王にいった。「王よ、すべての階級の出家者に頭面礼足《ずめんらいそく》をするのはよくありません。シャカの沙弥《しゃみ》（少年修行僧）たちは四階級のすべてから出家しているのです。」それに王はなにも答えなかった。

ところが、あるとき、王はすべてのお付きの大臣たちにいった。「いろいろな生きものの頭が必要になった。お前はこれこれの動物の頭をもってこい。お前はこれこれのをもってこい。」そして、ヤシャス大臣には「人間の頭をもってこい」といった。頭が集まると、王はいった。「さあ、これらの頭を値段をつけて売って来い。」どの頭もすぐに売れたが、人間の頭だけは誰も買い手がなかった。そこで王は「ただで誰かにこの頭をくれて来い」といった。それでもこの頭の引きとり手はいなかった。ヤシャス大臣は引きとり手をみつけることができなくて、すごすごと王の前にでて、次のように詠じた。

一 牛、ろば、羊、鹿に鳥、
それらの頭を ひとびとは
金を払って 買いもとむ。
されど忌わし この人頭
王よ、ただでも 売れませぬ。

そこで王が大臣にいった。「いったいなぜ人間の頭はだれも引きとらないのだ。」大臣は「醜悪だからです」といった。王がいった。「いったい、この頭だけが醜悪なのだろうか。それとも、どの人間の頭も醜悪なのだろうか。」大臣は「どの人間のもです」といった。王は尋ねた。「私の頭もやはり醜悪なのだろうか。」大臣は王への畏れから真実をいおうとしなかった。王は「大臣よ、本当のことをいえ」とうながした。「王よ、同じでございます」と大臣は答えた。王はこうして大臣にそこまで答えさせておいて、かれを教え導くために次のようにいった。「ああ、卿よ、汝は美と力から生まれる驕りに慢心しているのだ。

私が比丘に頭面礼足するのを汝がとめようとするのも、そのせいなのだ。」

二　ただでもいない　引きとりて
醜さゆえに　この頭。
価値なき　このもの　下に曲げ
われに福徳　生ずれば
そこにいかなる　咎ありや。

三　釈氏《しゃくし》の比丘に　出自《しゅつじ》を見、
隠れた徳を　汝みず。
ゆえに出自の　おごりから
汝は汝と　他人とを
害してやまぬ　無知ゆえに。

四　招待または　婚礼に
出自の詮索　あるなれど
法の世界に　それはなし。

法のしるしは　徳にして
徳また出自に　関わらず。

五　高貴のひとに　咎あれば
かれはこの世の　非難うく。
下層のひとに　徳あれば
などて賞讃　うけざらん。

六　精神次第で　肉体は
けなされ、または　賞められる。
沙門の浄心、称《たた》うべし。
それゆえ　釈子は称うべし。

七　*二生者《にしょうしゃ》なれども　徳欠けば
堕落者よと　侮蔑うく。
貧しき家に　生まれても
徳ある人に　侮蔑なし。

聖《ひじり》といわれて　供養うく。

さらにまた

八　聞かずや仏の　み言葉を
賢者は、価値なき　五体より
価値ある蜜を　とりだす、と。
真実語者の　かの教え
われ行なわんと　するときに
妨ぐ汝《な》れは　友ならず。

九　藁くずのごと　捨てられて
わが肉体の　亡ぶとき
起立、礼拝、合掌も
煩事となりて　なしがたし。
いかで善事を　なしえんや。
それゆえかかる　墓地ゆきの

肉より蜜（世俗的な蜜？）とる　よしとせず。

一〇　水に沈んだ　宝ばこ
はたまた焼ける　家に似た
この亡びゆく　からだより
蜜とらぬ人、かれ蜜を（次偈につづく）

一一　知らず、蜜と　非蜜とを
見分けぬ愚かな　賢者なり。
怪魚の死口《しこう》に　沈みゆく。

一二　酪《らく》、熟《じゅく》、生酥《しょうそ》、乳《にゅう》、タクラ*
これらよきもの　取りされる
乳壺《ちちつぼ》たとえ　割れたとて
大きな憂い　起こるまじ。
巧みに使い　利をえたる
肉体たとえ　亡ぶとて

同じく憂い　起るまじ。

三　善き行いに　目をそむく
おごれる人の　肉体を
死魔が無残に　裂くときに
悔いの焔が　迫りきて
かれの心を　焼きつくす。
乳壺《ちちつぼ》われて　いずこにも
乳の精とる　手だてなし。

四　ゆえに大臣　障《さ》うなかれ
頭面礼足　わがなすを。
「わが身まさる」と　愚者たちは
暗愚におおわれ　思いなす。
十力（＝仏）の語の灯《ひ》に　みちびかれ、
身体ただしく　見るひとは
からだの貴賤　区別せず。

二五

皮《かわ》、肉、骨や　あたま、きも
ひとに違いは　なきものを
衣裳や飾りが　身体に
はじめて位《くらい》を　つくりだす。
卑しきからだを　利用して
賢者が生みだす　敬礼の
善こそ蜜と　みなさるる。

# 五　ウパグプタとの会見

さて、アショーカ王は肉体を、蛇の涙と土の固まりのつまった卵の殻よりも実のないものと考え、一方、比丘への敬礼から生ずる功徳は永劫に存続し、*須弥山《しゅみせん》をも含めた大地の数々よりも*実のあるものと確信して、世尊の塔の巡拝のための身仕度を調えるため、大臣たちを伴って、鶏園寺へやってきた。王は貴座に着くと、合掌していった。ここに詩がある。

一六　われ先の世に　土くれを
知恵者（＝仏）に布施して　予言うく。
一切見者《いっさいけんじゃ》（＝仏）の　予言うく
第二の人（＝予言を受けた人）は　はたありや。

すると、ヤシャスという名の上座がいった。「あります、大王よ。世尊は涅槃に臨んだとき、*アパラーラ龍、クンバカーラ、チャンダーリー、ゴーパーリー龍を調伏して、（空中を飛びつつ）*マトゥラーにやってきました。そのとき、世尊は長老アーナンダに向ってつぎのように予言しました。「如来の般涅槃ののち百年たつと、このマトゥラーにグプタという名の香料商人が現われるであろう。かれにウパグプタという名の息子が生まれ、教師のうちの第一人者となり、三十二相は欠くが、仏となり、私の般涅槃後百年目に仏の仕事をなすであろう」と。さらに世尊はいいました。「アーナンダよ、お前にはみえるか、あの遠くの青々とした山なみが。」「みえます、尊者よ。」「アーナンダよ、あれはウルマンダという名の山である。如来の般涅槃後百年たったとき、あそこにナタバティカーという名の*森林居処が存在するであろう。アーナンダよ、静寂に満ちた寝処・坐処のうちでも、ナタバティカー森林居処こそ最高であろうと私は考える」。」（ヤシャス上座はこのように王に説明したのです。）ここに詩がある。

一七　教師のうちの　最高者
誉れは高き　ウパグプタ
世尊の予言　すでに受く
ブッダの仕事　なすべしと。

王は尋ねた。「そして、その聖者は生まれたのですか。それとも、まだ生まれていないのですか。」上座は答えた。「この大士はすでに生まれております。煩悩を克服し、阿羅漢の群にとりまかれ、世間への憐愍《れんびん》のゆえにウルマンダ山に住んでおります。」また、ここに詩がある。

一八　一切知者（＝仏）の　秘蔵弟子
よき群衆に　法をとき、
天神・阿修羅、インドラ・龍
および人間　数千を
解脱の都に　みちびかん。

そのとき、長老ウパグプタは一万八千の阿羅漢たちにかこまれて、ナタバティカー森林居処に住んでいた。そのことを知った王は大臣たちを呼び集めて、いった。

一九　象兵、車兵、また騎兵
集めよ急いで、われ行かん。
ウルマンダなる　かの山に。
煩悩解脱者　じかに見ん。

ウパグプタなる　阿羅漢を。

そのとき、大臣たちがいった。「王よ、使者を派遣なさいませ。かの地に住む賢者のほうが王のところへやってくるでしょう。」王はいった。「いや、かれがわれわれの方へくることはならない。われわれの方がかれのところへ行くべきである。」ここに詩がある。

三〇　師にも等しき　ウパグプタ。
その身はたぶん　金剛*か
岩にまさるも　劣らざらん。
王命うけじ、かかる人。

こうして王は、上座との会見には私のほうから行こうと考えて、ウパグプタ上座のもとへ使者を派遣しなかった。ウパグプタ上座は考えた。「もし王のほうからやってくると、多くの人々と国とに迷惑がかかるだろう。」そこで彼は「自分のほうから参りましょう」と知らせた。すると王は、「上座は船にのってくるであろう」と考えて、彼のために、マトゥラーからパータリプトラのあいだに船団を用意してやった。そこで、ウパグプタ上座はアショーカ王に愛顧を示すため、一万八千の阿羅漢をひきいて船にのり、パータリプトラへやってきた。王の家来たちはすぐにそれを王に知らせた。「王よ、万歳！

二　あなたに愛顧　示すため
教えの水先き　案内人
心の支配者　ウパグプタ
苦流《くりゅう》わたれる　弟子つれて
徒歩にていまや　近づけり。」

王はこの言葉をきくと、喜んで、自分のからだから十万金の価いのある首飾りをはずし、この巧*みな物いいをした男に与えた。それから王は鐘つき係をよんでいった。「パータリプトラにもろもろの鐘をひびかせ、ウパグプタ上座の到来を知らせよ。そして、次のようにいえ。」

三　益なき貧に　別れつげ
この世で富と　栄光の
幸《さち》をば求め、　天界に
解脱の播種《はしゅ》を　祈《ね》ぐものは

見よや慈悲者の　ウパグプタ。

三　かの*両足尊《りょうそくそん》(＝仏)、大慈悲者
自存者、教師に、まみゆるの
幸わせ逸せし　者はみな
教師に等しき　ウパグプタ
この三界の　灯《ひ》をば見よ。

王はパータリプトラに鐘を鳴らさせたあと、都城を飾りたて、種々の音楽、花と香の綴り綱とともに、全市民、全大臣をひきいて、二ヨージャナ半ばかり進み、ウパグプタを迎えた。一万八千の阿羅漢たちに*半月でかこまれるがごとくやってくるウパグプタを王は遙か遠くから目撃した。王はウパグプタ上座を目にするが早いか、ただちに象の背からおり、歩いて川岸にいき、*片足を川岸におき、片足を船べりにのせて、両腕でウパグプタを抱きあげ、船の列から陸の上へ移してやった。移しおわるや、根元を切られた樹木さながらに、全身でウパグプタの足もとに倒れ伏し、その両足に唇をつけ、身を起して、地面に両膝をつき、合掌し、ウパグプタ上座を見つめながら、次のように詠じた。

二四　敵をほろぼし　大海と
山とをもてる　大地をば
わが統一の　傘のもと
収めしときにも　上座をば
みるこの喜びは　もたざりき。

二五　尊者にまみえし　縁《えにし》より
最勝教への　浄信は
二倍になって　生じたり。
無比の自在者（＝仏）　他処なれど
いままのあたり　見る思い。

さらにまた

二六　慈悲の勝者（＝仏）が　涅槃せる
いまは尊者が　三界で
仏の仕事を　なしたもう。

愚痴ゆえ眠れる　世の人の
まなこに尊者は　陽《ひ》のごとき
知恵の光を　あてる人。

三七
尊者は教師（＝仏）に　ならぶ人
世界唯一《ゆいっ》の　まなこなり。
論師の王なり　帰依処なり。
今日疾《と》くわれに　教え説け。
尊者の言葉　守らなん。

これを聞くと、ウパグプタ上座は右手で王の頭をなでながら、いった。

三八
「得がたき王権　手に入れし
王よ、たゆまず　努むべし。
三宝もまた　あいがたし。
王、とことわに　供養せよ。

大王よ、かの世尊、如来、阿羅漢、正等覚者はあなたと私にその教えをゆだねたのです。衆生の最高の指導者であるかのお方が大衆のなかで説き述べたこの教えを私たちが努力して守りましょう。」それをきいて王がいった。「上座よ、私は世尊から予言されたことを*すでに実行しました。なんとなれば――

二九　峯にも似たる　種々の塔、
*傘蓋《さんがい》、幢幡《どうばん》　衆珍宝《しゆちんぽう》、
それらによって　われすでに
大地を飾り　さらにまた
舎利壺《つぼ》あまねく　ひろめたり。

さらにまた

三〇　息子と家と　妻と自己
大地や宝庫に　いたるまで
布施せざらんもの　何もなし、
法の王者（＝仏）の　みおしえに。」

ウパグプタ上座はいった。「よろしい、よろしい、大王よ。あなたはそのとおり実行すべきです。なんとなれば――

三　身体*・財産、命より
　法の精をば　選びとる。
　この人死ぬとき　憂いなし
　神の楽土に　昇りゆく。」

　さて、王は華かな行列をもってウパグプタ上座を王宮へ案内し、両腕でかれを抱きあげて、用意しておいた座席に坐らせた。ウパグプタ上座のからだの何と柔かかったこと――まるでトゥーラ綿*かカルパーサ綿のようであった。王は上座のからだの柔軟さを知ると、合掌していった。

三　尊者の肢体は　トゥーラ綿か
　カーシ絹*ほど　柔かし。
　われは福なく　そのからだ

触るるもいやな　固さあり。
全身しみに　おおわるる。

上座がいった。

三三　清き、勝《すぐ》れし、魅力ある
施物《せもつ》をわれは　捧げたり
かの比類なき　みほとけに。
なんじのようには　土くれを
われは捧げず　かの受者に。

王はいった。上座よ

三四　前世で子供　たりしとき
よき福田（＝仏）に　あいたるに
土《ど》塊《かい》の布施の　種をまき
その果がかかる　みにくさよ。

すると、上座は王を喜こばせようとして、いった。大王よ、

三五　見よ福田の　力をば
土くれ播《ま》かれし　のみなるに
汝に王位を　もたらせり、
無比の権力　もたらせり。

それをきくと、王は驚異の目をみひらき、大臣たちに呼びかけて、いった。

三六　土くれ布施せし　のみなるに
転輪王と　われはなる
卿らよいかなる　労おしみ
世尊に供養　せざらんや。

# 六　仏跡巡拝

そして、王はウパグプタ上座の足もとにひれ伏して、いった。「上座よ、私にひとつ望みがあります。仏・世尊が時をすごした場所を参詣したいのです。そして、後世の衆生の利益のために、そこに標識をたてたいのです。」上座*はいった。「よろしい、よろしい、大王よ。あなたはよくも立派な心を起こされた。すぐに私が案内してさしあげましょう。」王*は詠じた。

三七　世尊の滞在　せし場所を
両手あわせて　われ拝まん。
それらの場所に　標識を
われは必ず　たつるべし。

さて、王は四兵からなる軍隊を整え、香、花綱、花を用意し、ウパグプタ上座を伴って、出発した。ウパグプタ上座はアショーカ王をまず第一にルンビニー園に案内し、右手をあげて、いった。「大王よ、世尊はこの場所に生まれたのです。」ここに詩がある。

三八 最勝の眼もつ　みほとけの
ここが最初の　廟なるぞ。
生まれてすぐに　シャカムニは
大地を七歩　あゆみたり。

三九 四方みまわし　まず初め
次の言葉を　宣したり。
これ我が最後の　出生《しゅっしょう》ぞ
母胎の宿り　もはやなし。

王はその場所に全身を投げだして礼拝し、そして立ちあがると、合掌しつつ、涙を流して、いった。

四〇 *牟尼の誕生　みたるもの

ルンビニーのアショーカ石柱

朗たる声を　ききしもの
幸いなるかな　かかる人
大なる功徳《くどく》　すでに積む。

すると、上座は王の信仰心をさらに大きくしようと、次のようにいった。

四一　「最勝論師《さいしょうろんじ》（＝仏）が　この園で
生まるるところを　みたる神、
七歩あゆみて　唱えたる
牟尼の言葉を　ききし神

大王よ、あなたはこの神にお会いしたいですか。」王はいった。「とてもお会いしたいです、上座よ。」そこで、ウパグプタ上座はマハーマーヤー王妃が樹の枝につかまって仏を生んだときのその樹（アショーカ樹）に右手をさしのべ、次のようにいった。

四二　ここアショーカの　樹に宿り
正等覚者を　目にしたる

汝、女神よ　アショーカの
信心さらに　増さんため
おんみの姿　現わせよ。

すると、女神が姿を現わして、ウパグプタ上座の近くに立ち、合掌して、いった。「上座よ、いかなる御用ですか。」すると、上座はアショーカ王に向って、「大王よ、これが世尊の生まれるところを見た女神です」といった。すると、王は合掌しながら女神に問いかけた。

四　汝みたりや　みほとけの
蓮のつぼみの　長き目と
*好き相そなえて　生まるるを。
汝ききしや　人牛王《にんごおう》（＝仏）
森に初声《しょせい》を　ひびかすを。

女神は答えた。

四四　げに我みたり　金色に
光り輝やく　両足尊（＝仏）
まさに生まるる　そのときを。
げに我きけり　かの尊師
七歩あゆみて　声あぐを。

王はいった。「女神よ、話して下さい。世尊が生まれるとき、どんな奇瑞がありましたか。」女神はいった。「とても言葉では説明できません。ですが、ほんの少しだけ申しましょう。お聞きなさい。

四五　まばゆき光　金色に
インドラ*もすむ　三界を
照らして人の目　よろこばす。
大地、海、山　ゆれうごく、
荒海の船　さながらに。」

さて、王は仏の生誕処に十万金を布施し、廟をたてると、そこを去った。

次に、ウパグプタ上座は王をカピラヴァストゥに案内し、右手をさしのべて、いった。

「大王よ、この場所で*菩薩は*シュッドーダナ王の手に渡されたのです。王は菩薩が三十二大人相をそなえ、愛らしい姿をしているのをみて、全身で菩薩の足もとにひれ伏しました。それから、大王よ、これは*シャーキャヴァルダナという名の社《やしろ》です。菩薩は生まれるとすぐ、お参りのためにここへ連れてこられたのですが、神様が全部でてきて、菩薩の足もとにひれ伏しました。それをみたシュッドーダナ王は、菩薩が神々のそのまた神であるということで、菩薩に*天中天《てんちゅうてん》という名を与えました。大王よ、こちらの場所では菩薩が学識ある占相《せんそう》婆羅門たちに占ってもらいました。また、こちらでは、アシタ仙人が「菩薩はこの世で仏になるだろう」と予言しました。大王よ、この場所ではマハープラジャーパティーが菩薩を養育しました。ここでは菩薩が文字を習いました。ここでは象の首、馬の背、馬車にのる乗り方、弓・矢の持ち方、槍の持ち方、象つき棒の持ち方、要するに王家の者にふさわしい諸《もろもろ》の技芸を習いおぼえました。これは菩薩の運動訓練場でした。大王よ、ここでは菩薩が十万の神々にとりまかれ、六万の婇女《さいじょ》たちと歓楽にふけりました。ここでは菩薩が老人、病人、死人をみて衝撃をうけ、森に隠遁すべく出発しました。ここでは菩薩がジャンブ樹の木蔭に坐って、最初の段階の禅を修得しました。その禅は悪や煩悩から切りはなされ、知覚や観察を伴い、離欲の結果生ずる喜びと楽しさをもち、非迷界の境地にも似た禅です。また、昼どきが過ぎ、食事どきが過ぎて、他の樹の蔭がみな東に傾き、東に移動し、東に落ちるようになっても、このジャンブ樹の蔭だけは菩薩のからだから離れませんでした。この様子をみたシュッドーダナ王はまた全身で菩薩の足もとにひれ伏しました。この門からは菩薩が十万の神々にとりまかれつつ、真夜中にカピラヴァストゥから出ていきました。この場所では菩薩がチャンダカ*に馬と装身具を渡して城へ帰らせました。」ここに詩がある。

四六　菩薩はここで　チャンダカと
馬と身具を還したり。
英雄いまや　侍者もなく
修行の森に　ひとり入る。

「この場所では菩薩が猟師から自分のカーシ絹の衣とひきかえに、土色*の衣をもらって、出家の生活に入りました。ここでは菩薩がバールガヴァ仙人の道場に迎えられました。ここではビンビサーラ王が国の半分を分けあたえようと、菩薩を招きました。ここで菩薩はアーラーダ仙人とウドゥラカ仙人に逢いました。」ここに詩がある。

四七　アーラーダ仙と　ウドゥラカ仙

これなる苦行の　森にすむ。
仏はかれらの　法きくも
やがてそれをば　*捨てにけり。

「ここで菩薩は六年間、苦行を実践しました。」ここに詩がある。

四八　六年苦行に　うちこめど
偉大な牟尼は　悟りたり
この道、解脱へ　導かず。
牟尼はこの道　すてにけり。

「ここで菩薩は村の二人の娘ナンダーとナンダバラーとから十六種の味わいある蜜乳の布施をうけて、飲みました。」ここに詩がある。

四九　この地で　菩薩は　ナンダーの
捧げる蜜乳　口に入れ
菩提の根方《ねかた》を　目ざしけり。

偉大な英雄　菩提へと。

「ここでカーリカ龍王が菩提樹の根方に向かって歩いていく菩薩をみて、菩薩を讃えました。」ここに詩がある。

吾　不死を求めて　勝論師《しょうろんじ》
*こちらの道を　歩みゆき
菩提場へと　目ざすをば
カーリカ龍王　讃えたり。

これをきくと、王は上座の足もとにひれ伏し、合掌して、いった。

五一　われ会いたきは　かの龍王。
はやる心で　象王の
歩みのごとく　この道を
行きし如来を　見しかれに。

菩薩をたたえるカーリカ龍王

＊上座はただちに龍王に呼びかけた。「早く出てこい、早く出てこい、王がおまえに仏を見たときのことを聞きたがっている。」するとカーリカ龍王は上座の近くに姿を現わし、合掌して、「上座よ、なんの御用ですか」といった。上座は王のほうを向いて、「大王よ、これがかのカーリカ龍王です。世尊がこの道をとおって菩提樹の根方へ行くのを讃えた龍王です。」すると、王は合掌して、カーリカ龍王にいった。

五二　燃えて輝く　金の色
秋月《しゅうげつ》の顔　比類なき
わが師を汝は　目にしたり。
説け、そのときの　瑞兆と
十力《じゅうりき》（＝仏）の徳の　一端を。

カーリカはいった。「とても言葉では説明できません。ですが、その一端をお話ししましょう。お聞きなさい。」

五三　如来ふむとき　六様に

大地と山は　震えたり。
如来の光は　世の中を
日光しのいで　照らしだし
月光さながら　涼ませる。

アショーカ王はそこに廟をたてて、立ち去った。

次に、ウパグプタ上座は王を菩提樹の根もとに案内し、右手をさしのべながら、いった。「大王よ、ここで大慈悲者・菩薩が魔羅《まら》の全軍にうちかって、無上正等覚を獲得しました。」ここに詩がある。

五四　この菩提樹の　根かたにて
菩薩は*ナムチの　軍勢を
瞬時に砕き、征服す。
不滅・高貴　最上の
菩提を無比者は　獲得す。

王は菩提樹に十万金を布施し、廟をたてて、そこを立ち去った。

次に、ウパグプタ上座はアショーカ王にいった。「ここで世尊は四天王から四つの石製の鉢を布施され、それらを一つにしました。ここで、トラプシャとバリカという二人の商人から食事の布施をうけました。ここで世尊はヴァーラーナシーへ行く途中、アージーヴィカ派のウパガ*から称讃をうけました。」

次に、上座は王をリシパタナへ案内し、右手をさしのべて、いった。「王よ、ここで世尊は三*転十二行相において正しき法輪を回転させました。」ここに詩がある。

転法輪

五五　ここにて世主（＝仏）は　清浄の
法なるこの輪《わ》　廻《めぐ》らせり。
輪廻の海より　離れしむ
・この最高の　法の輪を。

「ここでは千人の結髪の行者を出家させました。ここではビンビサーラ王に法を説きました。そのとき、ビンビサーラ王は諸《もろもろ》の真理をみ、八万の神々やマガダの婆羅門・居士《こじ》たち数千も真理をみました。ここでは世尊は帝釈天《たいしゃくてん》に法を説きました。そのとき、帝釈天は諸の真理をみ、八万の神々も真理をみました。ここでは世尊が大神変をみせました。ここでは世尊が生みの母親に法を説くため、三十三天の世界にいって、*安居《あんご》をすごし、神々の集団にかこまれて降りてきました。」

このように、いちいち仏のゆかりの地に案内したあと、上座は最後に王をクシナガリーにつれてきて、右手をあげながら、いった。「大王よ、ここで世尊は仏としてなすべきことを全てなし終え、余すところなき涅槃の世界に入りました。」ここに詩がある。

吾　神、人、アスラ、夜叉、龍の
　一切世界を　永遠の
　法にみちびき　未教化の
　ものなきをみて　安らかに
　寂滅とれり　大慈悲者。

この言葉をきくや、王は気を失って倒れた。まわりのものが水をかけて、王は立ちあがった。そして、どうやら正気をとりもどすと、仏の涅槃処に十万金を布施し、廟をたて、上座の足もとにひれ伏して、いった。「上座よ、私にひとつ望みがあります。世尊が大弟

アショーカ石柱の柱頭
サールナート出土、前3世紀

子として認めた声聞がたの舎利供養をしたいのです。」上座はいった。「よろしい、よろしい、大王よ。あなたはよくも立派な心を起された。」上座はアショーカ王を*ジェータ林につれていき、右手をさしのべて、いった。「大王よ、これがシャーリプトラ上座の塔です。それに供養なされよ。」王は「この方にはどんな徳がありましたか」と尋ねた。上座は答えた。「この方は実に第二の師であり、法の軍隊の将軍であり、法輪を回転させる人であり、世尊から〃知恵者のうちで第一人者〃と呼ばれた方です。」

七七　世界の衆知　あつめても
シャーリプトラの　もつ知恵の
十六分の　一もなし。
如来の知恵は　これは別。

さらにまた

五八　正しき法の　無比の輪を
勝者世尊は　めぐらせり。
シャーリプトラは　知恵ありて
ならいて　その輪を　めぐらせり。

五九　ほとけ以外の　何人《なんぴと》が
*シャーラドゥヴァティーの　生みし子の
あふれる徳を　知りつくし
あまさず語る　ことをえん。

その言葉をきくと、王は喜んで、シャーラドゥヴァティー・プトラ上座の塔に十万金を布施し、合掌して、いった。

六〇　生の束縛　切りすてて
世界を照らす　栄光者
知恵第一の　英雄を

われ信愛もて　礼拝す。

次に、ウパグプタ上座はマハーマウドゥガリヤーヤナ上座の塔を示しながら、いった。「大王よ、これがマハーマウドゥガリヤーヤナ上座の塔です。それに供養なされよ。」王は「この方にはどんな徳がありましたか」と尋ねた。上座は答えた。「この方は実に世尊から〝神足（奇蹟）をもつもののうちの第一人者〟と呼ばれた方です。この方は右の足の親指で帝釈天のヴァイジャヤンタ宮殿をゆるがしました。また、ナンダとウパナンダという二人の龍王を教え導きました。」ここに詩がある。

六二　帝釈天の　宮殿を
右足指で　ゆらしたる
二生《にしよう》の最高　コーリタ*は
努力をもって　祀られよ。

六三　圧《おさ》え難くて　恐しき
二人の龍王　圧えたる
完知の人の　徳の海

この世のたれが　窮めえん。

王はマハーマウドゥガリヤーヤナの塔に十万金を布施し、合掌して、いった。

六三 生老憂苦《しょうろううく》を　切りすてた
神足第一　目連《もくれん》に
頭《こうべ》を垂れて　われ礼す。
その名あまねき　目連に。

次に、ウパグプタ上座はマハーカーシャパ上座の塔を示しながら、いった。「大王よ、これがマハーカーシャパ上座の塔です。それに供養なされよ。」王は「この方にはどんな徳がありましたか」と尋ねた。上座は答えた。「この方は実に大人格者で、世尊から少欲・知足・*頭陀《ずだ》功徳説者のうちの第一人者と呼ばれ、世尊からその座席の半分を与えられ、*白い衣を着せられました。そして、貧窮者を庇護し、仏の法を護持しました。」ここに詩がある。

六四 知恵者、努力家、大福田《ふくでん》

貧窮者には　庇護者なり。
全知者（＝仏）の袈裟《けさ》　身につけて
仏の教え　護持したり。

六五　妙《たえ》なる心の　仏より
勝坐《しょうざ》の半分　ゆずられし
この師の徳を　あまりなく
いかなる人が　述べえんや。

この言葉をきくと、アショーカ王はマハーカーシャパ上座の塔に十万金を布施し、合掌して、いった。

六六　山窟に坐し、忿怒《ふんぬ》去り
心の平和に　ひたりつつ
知足の徳を　高めたる
カーシャパ上座に　われ礼す。

次に、ウパグプタ上座はヴァクラ上座の塔を示しながら、いった。「大王よ、これがヴァクラ上座の塔です。それに供養なされよ。」王は「この方にはどんな徳がありましたか」と尋ねた。上座は答えた。「この方は実に大人格者で、世尊から〝病い煩いの少ない人たちのうちの第一人者〟〝少欲者の第一人者〟と呼ばれました。この方は一行の詩句さえ人に説いたことがありません。」王は従者に「この塔に一カーカニを布施せよ」といった。すると、大臣たちがいった。「王よ、他の塔には平等に布施したのに、なぜこの塔には一カーカニしか布施しないのですか。」王はいった。「では、私の考えを聞きなさい。」

八七　知慧の灯《あか》りで　自らの
　　心の家に　巣くう暗
　　くまなくかれは　とりされり。
　　されど衆生の　利益をば
　　少欲ゆえに　なさざりき。

さて、一カーカニは押し戻されて、王のすぐ足もとにくっついてきた。それをみた大臣たちは驚嘆して、いった。「ああ、なんとこの大人格者の欲の少きことよ。一カーカニさえ欲しがらないとは。」

次に、ウパグプタ上座はアーナンダ上座の塔を示しながら、いった。「これがアーナンダ上座の塔です。それに供養なされよ。」王は「この方にはどんな徳がありましたか」と尋ねた。上座は答えた。「この方は実に世尊の侍者であります。世尊の教えを多く聞いたものの第一人者であり、世尊の言葉の理解者であります。」ここに詩がある。

六八　牟尼の遺鉢の　護持者なり
念力智慧者　*多《た》聞海《もんかい》
微妙の語もち　人天《にんでん》に
つねに讃《ほ》めらる　アーナンダ。

六九　覚者（＝仏）の心の　精通者
正しき理解者、徳の倉（＝アーナンダ）。
仏も称え　人天も
つねに称える　アーナンダ。

それをきくと、王はアーナンダの塔に千万金を布施した。すると、大臣たちがいった。「大王よ、なぜ他の塔よりもこの塔を重視するのですか。」王はいった。「私の考えを聞きなさい。」

七〇

法をば体《たい》と　なす仏、
最勝論師の　このからだ
この清浄法を　護持せるは
*〝憂い離る〟の　名ある人。
それゆえ別して　かれ祀れ。

七一

煩悩の闇　おいはらう
法の灯《ともしび》　人々の
あいだで今日《こんにち》　ともるのは
仏子《ぶっし》阿難《あなん》の　力なり。
それゆえ別して　かれ祀れ。

七二

たれぞ牛の　足跡に
海水みたす　ものありや。
仏は阿難の　性と才

任に耐うるを　みきわめて
最勝経の　師と定む。

さて、王は上座たちの塔への供養をすべて終えると、ウパグプタ上座の足もとにひれ伏し、心を喜びでいっぱいにしながら、いった。

七三 百の祭祀*で　わが人身《にんしん》
実りゆたかに　生かしめり。
王権・もろき　力もて
永遠・堅固を　ひきだせり。
百の廟にて　飾られし
大地は白雲《はくうん》　湧くがごと。
今日《きょう》われ無比者の　かの予言
果たしがたきを　ついになす。

そして、ウパグプタ上座に敬礼して、立ち去った。

# 七　菩提樹供養と五年大会

アショーカ王は仏の生誕地、菩提獲得地、転法輪地、般涅槃地のそれぞれに十万金ずつ布施したが、とくに菩提獲得地に強い信仰心をいだいた。そここそ世尊が無上の正等覚を獲得したところだからである。王は特別の価値ある宝があると、それをみな菩提樹に布施した。

ところで、アショーカ王にはティシュヤラクシターという名の第一王妃がいた。彼女は思った。「王は私とお楽しみになりながら、特別の価値ある宝はみな菩提にやってしまう。」〔訳者注。ティシュヤラクシターは菩提を人間の女だと誤解しているのである。梵語ボーディ bodhi は女性名詞であるから、このようなことが起こりうる。〕彼女はマータンガ族のある女を呼んで、いった。「おまえは私の恋敵の菩提をやっつけることができますか。」マータンガ女がいった。「できます、ただしお金を下さい。」そして、マータンガ女は菩提樹に呪文をかけ、紐をかけた。菩提樹は枯れはじめた。王の家来が王に知らせた。「王よ、菩提樹が枯れてきました。」ここに詩がある。*

七四　菩提の根方に　坐りつつ
如来は悟る　一切の
この世界をば　ありのまま。
また全知にも　達したり。
王よ、この樹が　枯れまする。

王はそれを聞くと、気を失って、地に倒れた。まわりのものが水をかけて、王は立ちあがった。そして、どうやら正気をとりもどすと、泣きながら、いった。

七五　樹王《じゅおう》の根方を　眺めては
われ自在者を　まのあたり
見たるがごとく　思いけり。
世尊の樹木　枯死すれば
わが生命も　枯死すべし。

ティシュヤラクシターは王が悲しみに打ちひしがれているのを見て、いった。「王様、菩提がいなくなったって、私が王様を楽しませてあげます。」王はいった。「いや、それは女ではないのだ。菩提樹のことなのだ。世尊はその根方で無上の正等覚を獲得されたのだ。」ティシュヤラクシターはマータンガ女にいった。「おまえはあの菩提樹をもとの状態に戻すことができますか。」マータンガ女はいった。「もし少しでも命が残っていれば、もとの状態に戻すことができます。」マータンガ女は菩提樹の紐をほどき、樹のまわりに穴を掘り、*毎日、千瓶の乳をそそいだ。すると、数日して、菩提樹はもとの状態に回復した。王の家来が王に知らせた。「王様、万歳！　もとのようになりました。」王はそれを聞いて、大いに喜び、菩提樹をつくづく眺めながら、詠った。

七六　ビンビサーラや　そのほかの
光かがやく　諸王すら
なしえぬ二つの　最高の
法会《ほうえ》をわれは　もよおさん。

七七　香水みたした　諸瓶もて
菩提樹あらう　大法会。
聖なる衆僧《しゅそう》を　歓待す
五年に一度の　大法会。

菩提樹
サンチー仏蹟、1世紀

そこで、王は金、銀、琉璃、玻璃から成る瓶、千本に香水を満たし、大量の食物、飲物を用意し、香、花綱、花を集め、*沐浴し、長いふさ飾りのある傷のない新しい着物をきて、*八斎戒の儀式をおこない、香炉を手にして、*休憩小屋の平屋根の上にのぼり、四方に向って呼びかけ始めた。「世尊・仏の御弟子たちは私の願いに応えて御参集くださーい。」ここに詩がある。

七八　正しく歩み　欲と罪
すてて感官　しずめたる
尊き人よ　人天の
供養をうける　仏弟子よ
われを憐み　これに来よ。

七九　法王、*スガタの　まな弟子は
感官しずめ　縛《ばく》を去る。
*アスラ、スラ、ナラ　等々の
供養をうけし　聖弟子よ

われを憐み　これに来よ。

八〇
快き町　*カーシミーラ
かの*タマサーヴァナ、*マハーヴァナ
*レーヴァタの川、等々に
住める雄々しき　聖弟子よ
われを憐み　来たれかし。

八一
*アナヴァタプタの　湖《みずうみ》や
山、川、谷に　居をもって
常に坐禅を　楽しめる
勝者の御子《みこ》たち　慈心もて
参集されよ　今日ここに。

八二
*シャイリーシャカの　すばらしき
宮殿に住む　仏子たち
われを憐み　来たれかし。

憂いを離れ　慈悲心を
本性とする　仏子たち。

八三　*香酔山《こうすいせん》に　居をもてる
大勇力の　御弟子《みでし》たち
わが招待を　うけたいま
慈心おこして　来たれかし。

王がこのように呼びかけると、三十万の比丘たちが集まった。ところが、これら数十万の阿羅漢、弟子、清浄凡夫のうち誰一人として上座に就こうとするものがなかった。王が尋ねた。「なぜ誰も上座に坐らないのですか。」すると、*六神通をそなえたヤシャスという名の長老が答えた。「大王よ、それは別の長老の座席なのです。」王が尋ねた。「上座よ、あなたより上の長老がいるのですか。」上座はいった。「大王よ、おります。

八四　勝論者なる　賢者（＝仏）から
獅子吼《ししく》において　第一と
認められたる　*ピンドーラ

バラドゥヴァージャの　座席なり。」

それを聞くと、王は喜びのあまり全身の毛穴をカダンバ樹の花（の毛）のようにそばだたせて、尋ねた。「だれか仏の姿をみた比丘がまだ生き残っているのですか。」上座が答えた。「大王よ、ピンドーラ・バラドゥヴァージャという名の人が仏の姿をみて、まだ生きております。」王はいった。「上座よ、われわれは彼にあうことができますか。」上座はいった。「大王よ、あなたはいますぐお会いになれます。もう彼のくる時刻です。」それを聞いて、王は喜びに満ちて、いった。

八五　最高、無比の　大利益、
この上なしの　大楽《たいらく》が
いまこのわれに　生ずべし
バラドゥヴァージャの　姓をもつ
大徳にいま　会うゆえに。

そして王は手を合わせ空中をじっと見つめて立っていた。すると、ピンドーラ・バラドゥヴァージャ上座が数千の阿羅漢たちに半月で囲まれるように守られながら、白鳥の王さながらに、空中から降りたち、第一の座に坐った。無慮十万のかの比丘たちはピンドーラ・バラドゥヴァージャ上座をみると立ちあがった。王はピンドーラ・バラドゥヴァージャが白髪の頭をし、眼の玉を覆うほど眉の長くのびた額をもち、*辟支仏《びゃくしぶつ》の様相をそなえているのをみた。その姿をみて、王は根もとを切られた樹木さながらに、全身でピンドーラ・バラドゥヴァージャの足もとにひれ伏し、その両足に唇をつけ、身を起して、地面に両膝をつき、合掌し、ピンドーラ・バラドゥヴァージャ上座を見つめ、泣きながら、いった。

八六　敵をほろぼし　大海と
山とをもてる　大地をば
わが統一の　傘のもと
収めしときにも　上座をば
みるこの喜びは　もたざりき。

「尊者にまみえて、今日、如来をみる思いがします。お慈悲をいただき、尊者にお会いできて、私には二倍の浄信が生じました。それで、上座よ、あなたは三界の王者、わが師、世尊・ブッダをご覧になりましたか。」するとピンドーラ・バラドゥヴァージャ上座は両手で眉をかきあげて、アショーカ王をじっとみて、いった。

八七　しばしば見たり　われはかの
無比の大仙　溶金の
光たたえる　み姿を。
三十二相　秋月面《しゅうげつめん》
*梵音《ぼんおん》、*独住《どくじゅう》　もてる師を。

王はいった。「上座よ、あなたはどこで世尊をご覧になったのですか。また、どのようなときにですか。」上座がいった。「大王よ、世尊は魔羅の軍隊を征圧してから、五百人の阿羅漢とともに、ラージャグリハで最初の安居をすごしました。そのとき私はそこにいて、供養をうけるに足るあのお方をありありと拝見したのです。」ここに詩がある。

八八　離欲《りよく》の弟子に　囲まれて
離欲の牟尼は　雨安居《うあんご》を
ラージャグリハで　すごしたり。
かの正覚者　大牟尼は。

八九　かのとき　そこに　われは居り
正等覚者の　近くにて
げにありありと　牟尼をみる
いま汝《な》れ　われをみるごとく。

九〇　邪道を歩む　外道らを
世尊が奇蹟の　力もて
制圧するを　われみたり。
衆生の喜び　ひきおこす
十力が示す　大神変。

「大王よ、世尊はシュラーヴァスティーで外道を信服させようと大神変をおこし、アカニシュタ天の宮殿にいたるまでも諸仏を化作《けさ》し、偉大な「*仏の荘厳《しょうごん》」をおこないました。そのときも私はそこにいて、仏の種々の神変を目撃したのです。」ここに詩がある。

仏の荘厳

「大王よ、世尊が三十三種の神々のあいだで安居をすごし、生母に法を説き、神々の群にとりまかれつつサーンカーシヤ*の町に降りてきたとき、私はそこに居あわせ、神々と人の威儀《いぎ》をみ、ウトパラヴァルナー*が立派な転輪聖王の姿に身を変えたのをみました。」ここに詩がある。

九一　論師のうちの　最高者
神の世界で　雨季すごし
地上に降りし　そのときに
われは居あわせ　この牟尼の
人にすぐれし　姿みる。

「大王よ、世尊がアナータピンダダ*の娘スマーガダーに招かれ、五百人の阿羅漢とともに、神通力でプンドラヴァルダナ*へ行かれたとき、私も神通力で山をひっさげ、空中にあがって、プンドラヴァルダナへ行きました。そのとき世尊は私にこのような命令を与えました。法の滅しないかぎり、汝は般涅槃に入ってはならない、と。」ここに詩がある。

九二　スマーガダーの　招きうけ

導師・尊師（＝仏）が　神変の
力もちいて　行きしとき
われまた　疾《と》く行く　神変で
山をひっさげ　プンドラへ。

九二　かのときシャカの　氏族《しぞく》の子（＝仏）
衆生に対する　慈悲にみち
われに向いて　かくいえり。
汝、涅槃を　とるなかれ
わが法、滅せぬ　その限り。

「大王よ、前世であなたが子供であったとき、世尊が乞食のためにラージャグリハに入ってきました。あなたは「麦こがしをあげましょう」といって、世尊の鉢に一すくいの土を入れました。そばにいたラーダグプタもあなたに同《どう》じて、喜びました。そのとき世尊はあなたのことをこう予言しました。この子はわが般涅槃ののち百年目にパータリプトラ市においてアショーカという名の王になるであろう。世界の四分の一を支配する転輪聖王、正義の人、法の王となるであろう。そして、わが遺骨を各地に広め、八万四千の塔をたてるであろう、と。そのときも私はそこに居あわせたのです。」ここに詩がある。

六四　子供ごころに　信心を
示して土の　ひとすくい
仏の鉢に　なんじ置く。
われそのときに　居あわせり。

王がいった。「上座よ、あなたはいまどこに住んでいらっしゃいますか。」上座はいった。

六五　池の王なる　*無《む》熱池《ねっち》の
北なる山の　香酔山
われはかしこに　住めるなり
清浄行《しょうじょうぎょう》の　僧たちと。

王がいった。「上座の従者は何人ですか。」上座はいった。

六六　六万人の　阿羅漢が

わが従者なり、おお王よ。
欲と罪とを　捨てされる
かれらとともに　われは住む。

「だが、大王よ、なぜそんなに多くの質問をするのですか。比丘衆をもてなされよ。比丘衆が食事をおえたら、また問答をはじめましょう。」王はいった。「上座のおっしゃるとおりにいたしましょう。しかし、私はさきに*仏に対する回想の気持をおこしましたので、まず菩提樹への灌水をすませてしまいましょう。それが終ったらすぐ比丘衆においしい食事をさしだしましょう。」

　そこで王はサルヴァミトラという触《ふれ》びとを呼んで、いった。「私は聖なる比丘衆に十万金を布施し、菩提樹に千の瓶で灌水しよう。私の名において*五年大会《ごねんだいえ》の開催を告げよ。」ところで、このとき、クナーラ王子はまだ両眼を失わずにおり、王の右側に立っていた。かれは声を出さずに、指を二本たてた。自分は二倍の供養をするぞ、という意味であった。クナーラが手で供養の倍増の意志表示をした瞬間、群集のあいだから笑いが洩れた。すると王も笑って、「おお、ラーダグプタよ、誰だね、倍増しようというのは」といった。ラーダグプタはいった。「王よ、功徳をつもうとする人間は沢山おります。そういう人たちの一人でしょう。」王はいった。「私は聖なる比丘衆に三十万金を布施し、菩提樹に*三千の瓶で灌水しよう。私の名において五年大会の開催を告げよ。」すると今度はクナーラは四本の指をたてた。王は怒った。かれはラーダグプタにいった。「おお、ラーダグプタよ、私と競おうとするこの世間知らずめはだれだ。」王が立腹したのをみて、ラーダグプタはその足もとにひれ伏していった。「王よ、だれが民の主であるあなたと競うことができましょう。徳あるクナーラ王子様が父王とたわむれておられるのです。」王は右のほうを向き、クナーラを見やりながらいった。「*上座よ、私は聖なる比丘衆に、国庫は除外し、王土と、妻妾と、大臣と、わが身と、クナーラとを布施し、大菩提樹には金・銀・琉璃・玻璃でつくった*四千の瓶に種々の香水を満たし、凝乳《ぎょうにゅう》・栴檀《せんだん》・鬱金《うこん》・肉桂《にっけい》などの香りを加えて灌水をおこない、菩提樹の前には十万の花を供えるであろう。私の名において五年大会の開催を告げよ。」ここに詩がある。

九七　国庫を除く　他のすべて
豊かな王土と　妻妾と
大臣たちと　己《おの》が身と
徳あるクナーラ　布施いたす。
徳の入れもの　僧団に。

そこで、王はピンドーラ・バラドゥヴァージャを筆頭とする比丘の僧団のまえから退《しりぞ》き、菩提樹の四周に囲いを設け、自らその囲いの上にのって、四千の瓶でもって菩提樹に灌水した。菩提樹への灌水が終るやいなや、菩提樹はもとの状態に回復した。ここに詩がある。

九八　心こめたる　灌水を
王しおえるや　たちまちに
緑のやわき　芽のいでて
菩提樹ふたたび　よみがえる。

九九　緑の若葉に　つつまれて
やわきつぼみを　つけし樹を
目にせる王は　大臣の
群もろともに　歓喜せり。

王は菩提樹への灌水を終えると、比丘の僧団の歓待にとりかかった。比丘衆の中にヤシャスという上座がいた。かれがいった。「大王よ、ここに集った聖衆たちはみな偉大で、最高の供養にあたいする人ばかりです。だから、どうぞ差別の心をおもちになりませんように。」そこで、王は自らの手で食事を配りながら、新発意《しんぼち》のところへ廻ってきた。そこでは二人の沙弥（少年僧）が和敬*の法をおこなっていた。一人が相手に麦こがしを与えると、相手は麦こがしを与えかえす。一人が餅を与えると、相手は餅をかえす。一人が団子を与えると、相手は団子を与えかえす。王はその様子をみて笑った。この二人の沙弥は子供の遊びに専念していると思ったのである。そして、王は比丘衆への給仕を全部おえると、また上座《かみざ》へ戻った。ヤシャス上座が尋ねた。「王はなにかに疑心をもちませんでしたか。」「もちませんでした。ただ、二人の沙弥がいて、子供の遊びをしていました。ちょうど子供が泥家《どろいえ》あそびをするように、その二人の沙弥は麦こがし遊びをし、お餅あそびをしていました。」「よろしい、大王よ、あの二人はどちらも配分を解脱した阿羅漢なのです。」それをきくと王は喜んで、次のように考えた――あの二人の沙弥のところへ行って、比丘僧団への布地の寄進をしよう。すると、二人の沙弥は王の心のうちを察し、「われわれは自分たちの徳の力をもっと多く見せてやろう」と考えた。かれらのうちの一人が鍋を出し、もう一人が染色具を出した。王は沙弥たちをみて、「いったい何をはじめるのですか」ときいた。かれらは答えた。「王は私たちのそばにきて、比丘僧団への布地の寄進をしようと考えておられます。私たちはその布地を染めようと思うのです。」それをきいて、王は考えた。「私はこのことを心の中で考えただけで、言葉には表わさなかった。この二人は他人の心を語ることのできる偉いお方だ。」王はただちに全身で二人の足もとにひれ伏し、合掌して、いった。

一〇〇　われマウリヤは　大臣や
人民・市民を　ひきつれて
祀り催し　利をえたり。
われは聖衆《しょうじゅ》に　信おこし
これを好機に　布施なせり。

そして、王はいった。「あなた方お二人の故に、比丘僧団に三衣*を寄進いたしましょう。」そして、アショーカ王は五年大会が終了したとき、比丘のすべてに三衣を寄進し、僧団に四十万金*を与えて、王土、妻妾、大臣、王自身、クナーラを買いもどした。かくて、世尊の教えに対する信仰はますます広まり、八万四千の塔がたったのである。

# 八　*クナーラ王子の悲劇

アショーカ王が八万四千の塔を建てたまさにその日、パドマヴァティーという名の妃が子供を生んだ。生まれたのは男の子で、美しく、愛らしく、気品があった。とりわけ、その眼はえもいわれず綺麗であった。アショーカ王のところに報せが入った。「王よ、万歳！　王に御子息が生まれました。」それを聞いて王は大喜びし、次のように唱えた。

一〇一　げに限りなき　最高の
喜びわれに　生まれたり。
マウリヤ王家の　大繁栄。
如法《にょほう》の治者に　生まれたる
息子よ、法を　もりたてよ。

そこで、この子にダルマヴィヴァルダナ（〝法をもりたてる者〟の意）という名がつけられた。まもなく、アショーカ王のもとに王子がつれてこられた。王は王子をじっと見、喜びに満ちて、いった。

一〇三　青蓮華《しょうれんげ》をば　思わせる
わが子のまなこの　すばらしさ
福相そなえし　そのひとみ。
欠けたるものなき　その面《おも》は
満月のごと　輝けり。

それから、王は大臣たちに尋ねた。「卿らは誰かこのような眼をもったものをみたことがあるか。」大臣たちが答えた。「王よ、人間のなかではありません。しかしながら、王よ、山の王であるヒマラヤ山にはクナーラという名の鳥がいて、それが同じような眼をしております。」ここに詩がある。

一〇四　若木は生いて　花もあり
水の豊かな　雪王の
かの峯にすむ　クナーラと
名づくる鳥の　まなここそ

王子のまなこに　よく似たり。

すると、王がいった。「クナーラ鳥をつれてまいれ。」その声を上空一ヨージャナで夜叉たちが、地下一ヨージャナで龍神たちがきいた。そして、夜叉たちが瞬時のうちにクナーラ鳥をつれてきた。王はクナーラ鳥の眼をながいあいだ観察し、王子の眼とのあいだに全く相違がないのをみた。そこで、王はいった。「王子の眼はクナーラ鳥の眼にそっくりである。王子にクナーラという名を与えよ。」ここに詩がある。

一〇四　まなこをいたく　いとおしみ
大地の王は　名づけたり
かれの息子を　クナーラと。
気高き心の　王子の名
それより大地に　広まれり。

やがて、王子は成人した。かれに妃としてカーンチャナマーラーという名の娘が迎えられた。ある日、アショーカ王はクナーラとともに鶏園寺へ出かけた。そこには六神通をそなえたヤシャスという名の阿羅漢の上座がいた。かれはクナーラの眼が遠からず失われるであろうことをみてとって、アショーカ王にいった。「なぜ、クナーラにそのなすべきことを教えないのですか。」そこで王がクナーラにいった。「クナーラよ、上座がお教えになることをよく守りなさい。」すると、クナーラは上座の足もとにひれ伏して、いった。「上座よ、どんなことをお教え下さいますか。」上座はいった。「眼は無常なりと知れ、クナーラよ。」

一〇五　つねに思えよ　クナーラよ
まなこの本質　無常なり、
千の苦悩の　もとなりと。
無数の凡夫　迷いきて
害悪もたらす　業つくる。

クナーラはその教えに意を集中し、いつもそれを考えるようになった。そして、孤独を好み、静寂を愛するようになった。かれは王宮の離れた場所に坐って、眼やその他の感官の無常の相に専念していた。あるとき、ティシュヤラクシターという名のアショーカ王の第一王妃がその場所を通りかかった。彼女はクナーラが一人いるのを見、かれの眼に情欲を燃やし、かれのからだを抱きしめて、いった。

一〇六　ひと喜ばす　このひとみ
妙なるからだ　魅惑の目。
そなたを見れば　わたくしの
心は焦れに　焦るなり。
山火事、枯野を　焼くごとく。

この言葉をきくや、クナーラは両手で耳を覆っていった。

一〇七　よくありませぬ　その言葉
息子に向って　語るとは。
あなたは私の　母上ぞ。
非法の情欲　捨てたまえ。
それこそ地獄に　おちる業。

すると、思いが遂げられなかったティシュヤラクシターは激怒して、いった。

一〇八　愛欲にもえ　わがからだ
捧げんとする　わたくしを
そなたは要らぬと　お言いでか。
愚かな人よ　遠からず
そなたは亡びに　おちいらん。

クナーラはいった。

一〇九　法に住して　清くして
死ぬる定めに　あるならば
むしろわたしに　死があれよ。
聖者のとがめ　うけながら
生きては所詮　何かせん。

一一〇　天の御《み》法《のり》を　破りすて
生きながらえて　何かある。
賢者に責められ　咎められ

わが真実の　生命の
死のもとつくりて　何かある。

こうして、ティシュヤラクシターはクナーラの破滅を求めるようになった。アショーカ王の北方領土にあるタクシャシラー市が反乱を起した。その報せをきいて、王は自らそこに赴こうとした。しかし、大臣たちがいった。「王よ、クナーラ王子を派遣なさい。かれは反乱を鎮圧するでしょう。」そこで、王はクナーラを呼んで、いった。「わが子、クナーラよ、おまえはタクシャシラーを鎮圧しにいくか。」クナーラが答えた。「王よ、よろこんで参りましょう。」

二　王よろこばす　秘蔵の子
その子の決意　王しりて、
愛着ゆえに　心には
離*れがたきを　感じつつ
行けよ　わが子と　命じたり。

そして、アショーカ王は町を飾り、道路を飾り、道路からは一切の老人、病人、乞食等を締めだし、一つの馬車にクナーラ王子とともに乗り、パータリプトラを出発した。こうして見送りを終えて、王城へ戻ろうとしたとき、王はクナーラの首を抱いて、その目をしみじみと見、泣きながら、いった。

二二　幸せなるかな、クナーラの
　　目をば目にする　かの民衆。
　　王子の顔に　つく　蓮《はす》の
　　つぼみを常に　見うるとは。

ときに、占相婆羅門がいて、王子の眼が遠からず失われるであろうことを知った。そして、アショーカ王があまりにも王子の眼に執着しているのをみて、次のように詠った。

二三　王子のまなこは　完《ま》ったかり。
　　王はその目に　愛着す。
　　吉祥に富み　福に満つ
　　この目に今日は　われはみる
　　やがて空しく　なりゆくを。

一二四　王子の姿を　みるにより
かの町、天の　幸せを
味わうごとく　歓喜せん。
その目空《むな》しく　なるときは
悲嘆に心　ひしがれん。

まもなく、王子はタクシャシラーに到着した。タクシャシラーの住民は王子の到着の報せをきくと、二ヨージャナ半のあいだ、道路を清め、町を飾り、供物を満たした壺を手に手に、出迎えた。ここに詩がある。

一二五　タクシャシラーの　市民たち
報せをきいて　宝物《ほうもつ》を
満した壺を　手にもって
王の息子を　迎えたり。

クナーラ寺
パキスタン・タクシラ

かれらは出迎え、合掌して、いった。「私たちは王子に対して反乱をおこしたのではありません。アショーカ王に対してでもありません。悪い大臣たちがきて、私たちに勝手なことをするのです。」こういうわけで、クナーラは大いに敬意を表されながら、入城した。

さて、アショーカ王が重い病気にかかった。かれの口から糞が出てきた。全身の毛穴から汚ない汁が浸みでてきた。誰もこの病気を治すことができなかった。そこで、王はいった。「クナーラを呼び戻せ、私はかれを王位につけようと思う。このような状態では、私には何もできない。」その言葉をきいたティシュヤラクシターは思った。「もしクナーラが王位についたら、私の身が危うくなる。」そこで彼女は王にいった。「私があなたの御病気を治しましょう。医者たちの入来を禁じて下さい。」そこで、王は医者たちの入来を禁じた。すると、ティシュヤラクシターは医者たちにいった。「もし誰か王のような病気にかかっているものがあれば、女でも男でもいいから、つれてきて、私に見せなさい。」ところで、ある牛飼いが王と同じような病気にかかっていた。かれの妻がその病気のことを医者に話した。医者は彼女に、「その病人をつれてきなさい。病気を診て、薬を処方しよう」といった。そこで、牛飼いが医者のところにつれてこられた。医者はかれをティシュヤラクシターのところへつれていった。ティシュヤラクシターは人のいないところで彼を殺した。殺してから腹を裂いてみると、胃と腸のなかに一匹の大きな虫がいるのがみえた。その虫が上のほうへ動くと、糞汁が上のほうに押し出され、下のほうへ動くと、下のほうへ押し出された。黒胡椒をすりつぶして、それにかけてみたが、死ななかった。長胡椒やしょうがでも死ななかった。最後にねぎを与えてみた。虫はそれに触れて死に、糞道をとおって、排出された。ティシュヤラクシターは以上の経過を王に知らせ、いった。「王様、ねぎをお召しあがり下さい。そうすれば、病気は治ります。」王はいった。「妃よ、私は武士階級のものである。どうして、ねぎなど食べられよう。」王妃はいった。「王様、召しあがらねばなりません。お命のためです。これはお薬なのです。」王はついにねぎを食べた。すると、虫は死んで、糞道から排泄され、王の病気は治った。満足した王はティシュヤラクシターに褒美をとらせようと思って、いった。「おまえはどんな褒美がほしいか。」彼女は「王様は七日間、私に王権をお譲り下さいますように」といった。王が「私はどうなるのかね」ときくと、彼女は「七日が過ぎたら、王様がまた王になられます」といった。そこで王はティシュヤラクシターに七日間だけ王権を与えることにした。

さて、彼女は考えた。いまこそ、あのクナーラに怨みを晴さなければならない、と。彼女はタクシャシラーの市民ににせの手紙を書いた。文面は「クナーラの眼を抉れ」というのである。ここに詩がある。

二六　権力ありて　畏怖に満つ
われアショーカが　命くだす

タクシャシラーの　住民に。
マウリヤ姓の　名折れ者
この怨敵《おんてき》の　眼を抉れ。

アショーカ王は何か急いで実行しなければならない命令があるときは、命令書に歯型をつける習わしになっていた。そこで、ティシュヤラクシターは王の眠っているあいだに、かの手紙に王の歯型をつけようと思い、王のそばに近づいた。そのとき、王は恐怖を感じて、眼を覚した。王妃がいった。「どうしたのですか。」王はいった。「王妃よ、不吉な夢を見たのだ。二羽の鷲がクナーラの眼をついばもうとしたのだ。」王妃は「王子が無事でありますように」と唱えた。しかし、王はふたたび恐怖におそわれて、眼を覚した。「王妃よ、不吉な夢をみたぞ。」「どんな夢でしたか。」「クナーラが髪と爪と鬚を長くして町に入ってくるのを見たのだ。」王妃は「王子が無事でありますように」と唱えた。そのうち、ついにティシュヤラクシターは寝入っている王から手紙に歯型をとって、手紙をタクシャシラーへ送った。

一方、王のほうは寝ているあいだに、夢の中で、自分の歯が脱けおちるのを見た。それで、その夜が明けると、占い師たちを呼んで、「これらの夢は何の前兆なのか」と尋ねた。占い師たちはいった。「王よ、このような夢を見るひとは……。」ここに詩がある。

二七　夢の中にて　自らの
　　　歯の脱け落ちるを　見る人は
　　　息子のまなこの　喪失と
　　　息子の死とを　みるならん。

それを聞くと、アショーカ王は座からすっくと立ちあがり、四方にむかって手を合わせ、神々に祈りはじめた。ここに詩がある。

二八　仏と法と　さらにまた
　　　群れの頂なる　僧団に
　　　好意いだける　神々よ、
　　　世の最高の　リシ*たちよ、
　　　わが子クナーラ　守りたまえ。

さて、手紙のほうは所定どおり、タクシャシラーに届けられた。タクシャシラーの民衆は手紙をみたが、クナーラの種々の徳を喜んでいたかれらは、この忌わしい手紙のことをとてもかれに知らせることはできなかった。かれらは長いこと議論した――王は徳を失ったぞ、自分の子供を許すこともしない、まして我等他人を許すことなどありえようか、等々。ここに詩がある。

一一九　牟尼にひとしき　寂静者《じやくじようしや》
一切衆生の　利を願う
かかる王子を　憎む人
その他の人には　いかあらん。

しかし、かれらはついにクナーラに事実を知らせ、手紙を手渡した。クナーラはそれを読みあげ、そしていった。「手紙に間違いはない。いまや、諸卿の意のままになされよ。」そこで、チャンダーラ*族のものたちが呼び出され、クナーラの眼を抉るように命ぜられた。しかし、かれらは合掌して、いった。「私たちには出来ません。なぜなら、

一二〇　痴愚《ちぐ》ゆえ月から　輝きを
奪いえん人、この人が
月にも似たる　汝《な》が面《も》より

まなこの光　うばいえん。」

そこで、王子は冠を脱いで役人に、「この報酬とひきかえに、わが目をえぐらせよ」といった。ここでかれの前生の業の報いがいやおうなく発現することとなった。というのは、十八種の醜さをそなえた、見るもいやらしき男が現われて、「私がえぐりましょう」といったのである。男はクナーラの近くに導かれてきた。このとき、クナーラの心に上座たちの言葉が浮んできた。かれはその言葉を回想しながら、いった。

三　この災いを　予知してぞ
かの真実語者らが　述べたるは。
「みよ、一切は無常なり、
堅きものある　ことなし」と。

三　素晴しき友かな　かの人ら
わが利と福を　願いたり。
煩悩すてし　大士たち
われに無常の　法おしう。

一二三　われは各処に　無常を見、
*グルの教えを　回想す。
まなこの剔出《てきしゅつ》　われははや
恐れはせぬぞ　わが友よ
まなこの無常を　われは知る。

一二四　とるもとらぬも　父王の
御意《ぎょい》のままにぞ　このわが目。
身体無常の　真理をば
すでにそれより　得しうえは。

それから、クナーラは例の男にいった。「さあ、男よ、まず片方の眼をえぐって、私の手にのせよ。」男はクナーラの眼をえぐりはじめた。そのとき、無慮数十万の人々が悲鳴をあげた。「ああ、なんとひどいことを!」

一二五　澄める光を　放つ月

空よりかきおと　されにけり。
好き花一輪　白蓮《びゃくれん》の
群より　むしり　とられけり。

これら数十万の人々が泣き叫んでいるあいだ、男はクナーラの眼をえぐりとって、クナーラの手にのせた。クナーラは眼をうけとると、次のように詠じた。

一二六　小さき肉の　かたまりよ
汝《なんじ》などてか　物を見ぬ
さきになせしが　ごとくには。
汝をわれと　誤解して
愚者らは汝に　執着す。

一二七　衆縁仮合《しゅえんけごう》の　泡なるぞ
把握しがたく　自力《じりき》なし。
かくのごとくに　汝を見
努力おこたら　ざるものは

不幸の世界を　まぬがれん。

一二八　一切諸法は　無常なり。
かく悟りたる　クナーラは
*預流《よる》の成果を　かちえたり。
民衆みまもる　そのまえで。

こうして真理を見たクナーラはかの男にいった。「さあ、もう一つの眼を。」男はためらわず残る眼をえぐりとって、それをクナーラの手に渡した。クナーラは肉の眼は失ったが、知恵の眼は浄められて、次のように詠じた。

一二九　頼るにたらぬ　肉の眼を
たとい　われは　失うも
確固不動の　知慧の眼を
清らなままに　われはうる。

一三〇　われ人王《にんおう》に　捨てられて

王子の地位を　失うも
仏子《ぶっし》の名前を　いただいて
いま法王の　子となれり。

一二　憂苦《うく》をともなう　王座より
たといわれは　落つるとも
憂苦をはなれた　法の座に
めでたくわれは　着きえたり

しばらくしてクナーラは、これが父アショーカの仕業ではなく、ティシュヤラクシターの企みであることを知ったが、そのとき、クナーラは次のように詠じた。

一三　ティシュヤよ長く　幸《さち》あれよ
王妃よ長寿と　力あれ。
げにわれ祈る、なぜならば
彼女の放てる　かの手段、
われそのために　利をえたり。

さて、クナーラが両眼をえぐられたことを妻カーンチャナマーラーが知った。彼女は逸《はや》る妻の心で群集をかきわけ、クナーラのそばにやってきたが、クナーラが眼をえぐられ、からだを血にそめているのを見て、気絶して、地に倒れた。人々が水をかけ、助けおこした。そして、彼女がどうやら正気をとりもどしたとき、彼女は声をだして泣きながら、いった。

三

いとしく妙《たえ》なる　あのまなこ、
わたしをみつめ　よろこびを
わたしに与えた　あのひとみ。
いまは影なく　姿なし。
わが魂《たま》　消えん　ばかりなり。

すると、クナーラは妻を慰めようとして、いった。「もう泣くな。いつまでも悲しみつづけるのはよくない。私は自分のなした行為の報いをいま受けているのだ。」ここに詩がある。

一三四　この世は業《ごう》の　所産なり。
人は苦をうく　定めなり。
愛別離苦《あいべつりく》も　世の習い。
愛する妻よ、かく知りて、
汝なみだを　流すまじ。

そして、クナーラは妻とともにタクシャシラーを出た。かれは生来、非常に繊細な身体のもち主だったので、どんな生業もおこなうことができなかった。ただ、琵琶を弾き、歌を歌うことはできたので、それで生活の糧をえ、妻と分けあった。カーンチャナマーラーはパータリプトラからやってくるときに通った道を想い起こしながら、それを辿り、夫の手をひいて、パータリプトラにやってきた。そして、アショーカ王の宮殿に入ろうとした。しかし、門番が彼等をさえぎった。そこで、かれらはアショーカ王の馬車小屋に泊った。その夜、明方ちかく、クナーラは琵琶を弾きはじめた。そして、自分がいかにして眼を失ったか、しかし、そのためいかにして真理が見えるよ

ヴィーナー（琵琶）

うになったか、そのためいかにしてそれにふさわしい利益をえたか、などを歌いはじめた。
ここに詩がある。

一三五　叡智をそなえて　まなこ等《とう》
＊十二の依処《えしょ》を　みるひとは
全き知慧の　灯《あか》りにて
輪廻の海より　解脱せん。

一三六　汝の心　もし実に
存在の苦に　さいなまれ
悪にまとわれ、なお強く
この世の幸せ　望むなら、
急いで十二処　捨つるべし。

アショーカ王はその歌声を耳にした。そして歓喜の思いの湧きおこるのを感じながら、いった。

一三七　あれを歌うは　クナーラぞ
われに向けたる　ものならん。
久しぶりなる　琵琶の音よ、
王子はわが家に　つきたるに
人にあうこと　欲せざり。

そして、アショーカ王は家来の一人を呼んで、いった。「男よ、こう思われないか——

一三八　あの歌声は　クナーラの
声に似たる　ことなきか。
その調べには　悲しみの
ひびき表わす　さまなきか。

一三九　かの声きいて　まさにわれ
力はぬけて　身は震う。
あたかも子《こ》象《ぞう》を　失ないし
親象、その声　きくがごと。

行って、クナーラをつれてまいれ。」家来はただちに馬車小屋へおもむいた。かれはそこに風と日射で肌の黒くなった盲目のクナーラをみた。しかし、かれがクナーラであることに気づかずに、アショーカ王のところに戻って、報告した。「王よ、あれはクナーラ王子ではございません。一人のめしいの乞食が、その妻と一緒に王の馬車小屋に泊っているのでございます。」それをきくと、王は胸をつかれたような思いで、考えた。「私がむかし不吉な夢をみたとおり、クナーラが眼を失ったのにちがいない。」ここに詩がある。

一四〇　夢の中にて　われ昔
不吉なしるしを　見たりしが、
いまは疑い　なかりけり。
クナーラ失明　せるならん。

そして、王は泣きながら、いった。

一四一　急ぎ連れこよ　かの乞食《こじき》
かれ見んために　わがもとへ。

げにわが心　安からず
息子の不幸を　疑いて。

そこで、家来は馬車小屋へ行って、クナーラにいった。「あなたは誰の息子ですか。あなたの名前は？」クナーラは答えた。

一四二　マウリヤ王家の　繁栄を
きずいたかの人　アショーカ王
一切大地が　その人の
力に服す、家来どの、

一四三　われその王の　息子なり。
名はクナーラと　呼ばれたり。
されどいまわれ　*日種《にっしゅ》なる
法王ブッダの　息子なり。

そこで、クナーラは妻とともにアショーカ王のそばに連れてこられた。アショーカ王がみると、クナーラは眼を失い、肌は風と日射で黒くなり、路上の樹皮の固まりにも劣るようなぼろきれで陰部を見えるか見えないかぐらいに覆っていた。アショーカ王はかれを識別できず、わずかの特徴をみるのみなので、「おまえはクナーラなのか」ときいてみた。クナーラは「そうです、王よ、クナーラです」と答えた。王はそれをきいて、悶絶して、地に倒れた。ここに詩がある。

一四四　クナーラ王子の　眼《め》なき顔
見るや悲痛に　心さけ
無憂《むゆう》大王　地に倒る。
悲しや息子の　憂愁に
心は憂いに　焦さるる。

まわりのものが王に水をかけて、助け起こし、座につかせた。王はどうやら正気をとりもどしたとき、クナーラを自分の膝のうえに坐らせた。ここに詩がある。

一四五　まもなく王は　蘇生して
首に涙を　流しつつ

王子の首を　かきいだく。
王子の顔を　くりかえし
手でぬぐっては　嘆息す。

一四六　クナーラ鳥の　目に似たる
目をみて息子を　クナーラと
名づけしものを　その目なき
いまはいかでか　息子をば
呼ぶことをえん　クナーラと。

それから、王はまたいった。

一四七　語れよ、語れ、いとし子よ
月欠け　光を　失える
空のごとくに　汝《な》が面《おも》も
妙《たえ》なるまなこ　失いし
そのいきさつを　語るべし

一四八　無慈悲ならずや　かの人は。
牟尼にも似たる　よき知慧の
すぐれし人の　眼に対し
無怨《むおん》に怨《おん》を　もってして
わが悲しみの　根つくるとは。

一四九　子よ、疾《と》く語れ　このことを。
わが身いまにも　死なんとす。
龍神放つ　電撃に
焼かるる森の　様に似て
汝《な》が失明の　苦に焼かる。

すると、クナーラは王の前にひざまずいて、いった。

一五〇　王よ嘆くな　過ぎしこと
牟尼のかの語を　聞かざるや。

業の力は　勝者（＝仏）さえ
脱れるを得ず、縁覚《えんがく》も
同じくそれを　のがれえず。

一五一　まして凡夫は　罪深き
欲の業をば　なしたれば
その果《か》つまざる　ことはなし。
報いは自己の　業の果ぞ
いかで他人の　所為にせん。

一五二　われは　罪をば　つくりたる
有罪者なり　大王よ。
いま災いの　もとを断ち
清く生きんと　するわれは。

一五三　つるぎ、電撃、火、毒、蛇
これらは不動の　大空を

害することを　得ざるなり。
されど衆苦《しゅうく》は　押しよせぬ
人のからだを　的《まと》として。

しかし、王は心を悲痛の火に焼*きこがされて、いった。

一五四　わが子のまなこ　誰《た》がとりし。
やさしき息子の　生命の
危害の目論《もくろ》み　誰がなせる。
嘆きの焔に　包まるる
わが心には　憤怒あり。
告げよ息子よ　わが笞《むち》を
加うべきもの　たれなるか。

そうこうしているうちに、アショーカ王はティシュヤラクシターがこの企てをおこなったことを知った。王はティシュヤラクシターを呼びつけて、いった。

一五五　裏切りものめ　なにゆえに
汝《なんじ》は地下に　沈まざる。
斧にてなが首　打ちおとさん。
大罪不法の　なれ捨てん
賢者が飾りを　捨つるごと。

それから、王は怒りの焔でかっかとしながらティシュヤラクシターを睨みつけて、いった。

一五六　汝《な》が目をえぐりて　汝《な》がからだ
鋭き爪もて　引きさいて
生身のままに　串にさし
鼻をばのこぎり　小刀で
きりきざまずに　おくべきか。

一五七　かみそりをもて　舌をきり
毒を飲ませて　死なしめん。

かの大王は　かくのごと
種々の責苦を　のべにけり。

一五八 これをきくなり　クナーラは
悲しみ、父を　いさめたり。
ティシュヤ悪事を　なせりとも
汝　悪事を　なすなかれ。
女《おみな》を殺す　ことなかれ。

一五九 慈悲の果実に　まさるなし。
強者の忍耐　よきものと
仏はすでに　称えたり。
王子は父に　合掌し
よき言《こと》の葉を　のべつたう。

一六〇* げにわれに苦の　塵《ちり》もなし
むごき悪事に　対しても

怒りの焔　さらになし。
わが目をとりし　母上に
わが意は清く　しずまれり。
この真実を　もってして
わが目ただちに　よみがえれ。

クナーラがこのように叫ぶが早いか、以前にも増して美しい両眼が出現した。一方、アショーカ王は怒りをしずめることができず、ティシュヤラクシターを*樹脂製の小屋にとじこめて焼き殺し、タクシャシラーの住民をも殺害した。

比丘たちは疑問をいだいて、疑問ならどんなものでも答えてくれる長老、ウパグプタ上座に質問した。「クナーラは前世でどんな行為をしたために、その行為の結果によって目を失うようになったのですか。」上座がいった。「では聞かれよ、長老たちよ――

むかし、ある時、ヴァーラーナシーに一人の猟師がいた。かれはヒマーラヤ山へいっては鹿を殺していた。ある日、ヒマーラヤ山に出かけると、*雷雨にあったので、一つの洞窟にかけこんだ。そこには同じく五百頭の鹿が逃げこんできていた。猟師は網で鹿を全部、捕獲した。かれは考えた。もし全部、殺してしまうと、肉が腐ってしまうだろう。*逃げられないように、眼だけつぶしておこう、と。そこで、かれは五百頭の鹿の眼をつぶしてしまった。

長老たちよ、あなたがたはどう思うか。この猟師こそ、実はクナーラなのだ。かれは五百頭もの鹿の眼をつぶし、その業の結果によって数十万年、地獄で苦しみをうけ、さらに業の残りを清算するために、人間として五百回うまれかわり、そのつど眼をえぐられたのだ。」

「では、前世でどんな行為をしたために、その行為の結果によって、高貴の家柄に生まれ、美しい容貌をもち、真理をみることができたのですか。」「されば聞かれよ、長老たちよ――

むかし、あるとき、人間界の寿命が四万年であったとき、*クラクチャンダという名の正等覚者が世に現われた。クラクチャンダ正等覚者が仏のつとめをすべてなしおえ、残りなき涅槃の世界に入ったとき、*シュバ王が四宝から成る塔をたてた。シュバ王が死ぬと、無信仰者の王が位についた。かの四宝は盗賊に持ちさられ、あとには泥と木材とだけが残った。人々はそこに赴いて、破壊された塔をみ、涙を流した。そのとき、一人の長者の息子がいて、「あなたたちはなぜ泣いているのですか」と尋ねた。かれらが答えた。「クラクチャンダ正等覚者の四宝合成の塔がありましたが、それがいま壊されてしまったのです。」*そこで、かれは以前にもまして立派な塔をたててやった。また、そこにはクラクチャンダ正等覚者の等身大の像があったのだが、それが壊されていたのを、新しく造りなおしてやった。それから、かれは願をたてた。「クラクチャンダのような師、このような師を私は満足させることができますように。不満を与えませんように」と。

長老たちよ、あなたがたはどう思うか。この長者の息子こそ、実はクナーラなのだ。かれはクラクチャンダの塔をたてたために、その業の結果によって、高貴の家柄（塔のように立派な家）に生まれたのだ。また、像をつくったために、その業の結果により、美しい容貌（仏像のように美しい容貌）をもったのだ。また、願をたてたために、その業の結果により、かの正等覚者に似た師、シャカムニ正等覚者を満足させ、不満を与えず、真理をみることができたのである。」

# 九　ヴィータショーカの出家

アショーカ王は世尊の教えを信奉すると、八万四千の塔をたて、五年大会を催し、三十万人の比丘を供養した。三十万のうちわけは十万が阿羅漢、二十万が弟子と精進凡夫であった。海に届くまでの王の領土の人民は大量に世尊の教えの信奉者となった。

アショーカ王にはヴィータショーカという名の弟がいて、*外道を信奉していた。かれは外道たちから偏見をうえつけられていて、「シャカの弟子の沙門たちには解脱はない、なぜなら、かれらは楽行《らくぎょう》を好み、苦行を恐れるからである」と考えた。そこで、アショーカ王がかれにいった。「ヴィータショーカよ、おまえは間違ったものに信仰をおこしてはならない。仏・法・僧に信仰をおこしなさい。これこそ正しいものに対する信仰なのだ。」

あるとき、アショーカ王は狩りに出かけた。そのとき、ヴィータショーカは森の中で五熱の苦行にうちこんでいる一人の仙人をみた。この仙人は難行の実践者、不動心の追求者であった。ヴィータショーカはかれに近づき、その足に敬礼をおこない、質問した。

「尊者よ、あなたはどのくらいこの森に棲んでいらっしゃいますか。」

仙人は答えた。

「十二年です。」

ヴィータショーカは尋ねた。

「なにを食べていらっしゃいますか。」

仙人は答えた。

「くだものと根です。」

「なにを着ていらっしゃいますか。」

「ダルバ草の着物です。」

「なんの上に寝ますか。」

「草を敷いて寝ます。」

「なにか苦しいことがありますか。」

「あの鹿たちが繁殖期になると雌雄同棲します。鹿たちの交合をみるとき、私の心は情欲で焼かれます。」

ヴィータショーカは叫んだ。

「激しい苦行によってさえ、この方は今日までなお欲情を克服することができない。まして、快適な座具や臥具を使用しているシャカの弟子の沙門たちが欲情を克服することができるはずがない。かれらはどうやって欲情を捨てうるだろうか。」ここに詩がある。

一
きびしき無人の　この森で
風・水・草の根　食しつつ
はるかな年月　すごしたる
リシらいまなお　情欲を
克服すること　あたわざり。
バターを塗った　めしをたべ
極上ミルクで　味つけた
肉をほおばる　シャカ弟子に
感官征服　もしあらば
*ヴィンディヤ、海に　うかぶべし。

「アショーカ王は完全に騙されて、シャカ弟子の沙門に供養をおこなっているのだ。」方便をよく知るアショーカ王はこの言葉をきくと、大臣たちにいった。「あのヴィータショーカは外道を信奉している。方便をつかって、かれを仏教の信仰にみちびきたいと思う。」大臣たちはいった。「王よ、われわれはどんなことをすればよろしいですか。」王はいった。「私が王権の象徴のこの王冠と冠帯を脱いで沐浴室に入ったら、卿らはなんとかうまく王冠と冠帯をヴィータショーカにつけて、かれを王座にすわらせて欲しいのだ。」「かしこまりました。」

さて、王は王権の象徴である王冠と冠帯を脱いで沐浴室に入った。そこで、大臣たちがヴィータショーカにいった。「アショーカ王がお亡くなりになれば、あなたが王になられます。王権の象徴である、この王冠と冠帯を、ちょっとのあいだ、あなたにおつけいたし、王座におすわらせいたしてみましょう。お似合いになるか、どうか、みてみましょう。」大臣たちはヴィータショーカに王冠と冠帯をつけて、王座にすわらせると、そのことを王に知らせた。アショーカ王はヴィータショーカが王冠と冠帯をつけ、王座にすわっているのをみると、叫んだ。「おれはまだ生きているぞ！　おまえはもう王になったのか！」そして、王は「だれかいるかっ」と怒鳴った。すると、青い衣をき、髪を長くたらし、手に鈴をもった死刑執行人たちが現われて、王の足もとにひれ伏して、「なにか御用ですか」ときいた。王はいった。「私はヴィータショーカを捨てる。」剣を手にした死刑執行人たちは直ちにヴィータショーカに向って、いった。「おまえの身はわれわれが貰いうける。」

そのとき、大臣たちが王の足もとにひれ伏して、いった。「王よ、ヴィータショーカをお許し下さい。王の弟様でございます。」すると、アショーカ王はいった。「七日間だけ許す。それに、これは弟だから、弟への私の愛情によって、かれを七日間、王位につけてやろう。」

それ以来、ヴィータショーカのために、百の楽器が打ちならされ、「王よ、万歳！」の声がとどろき、十万の群集がかれに合掌して挨拶し、百人の女がかれのまわりに侍った。しかし、一方では、死刑執行人が門のところに立っていて、一日が終わると、ヴィータショーカの前にやってきて、知らせるのであった。「ヴィータショーカよ、第一日が終わったぞ。あと六日のこっている。」第二日目も同じようにすぎた。こうして、第七日目がやってきたとき、ヴィータショーカは王の装束を身につけたまま、アショーカ王のもとに連れてこられた。アショーカ王はかれにきいた。「ヴィータショーカよ、歌は楽しかったかね。踊りはよかったかね、演奏は素晴しかったかね。」ヴィータショーカはいった。「私には何も見えませんでした。何も聞こえませんでした。」ここに詩がある。

二

踊りもみえず　歌声も
きこえず　味も　あじわわぬ
かかる人間　いかにして
感想　君《きみ》に　述べえんや。

王はいった。「ヴィータショーカよ、私はおまえに七日間、王位をゆずったはずだ。百の楽器がうち鳴らされ、「王よ、万歳！」の声がとどろき、百の合掌がもたらされ、百の女が侍ったはずだ。なぜ、おまえは「私には何も見えませんでした。何も聞こえませんでした」などというのか。」ヴィータショーカは詠じた。

三
踊りもみえず、歌声の
ひびきもきかず、おお王よ、
かおりもかかず、味わいを
知ることもなく　われ居たり。
金や摩尼《まに》の　首飾り
また女体《にょたい》から　生みださる
感触もまた　しらざりき。
婇女《さいじょ》の群にも　気づかざり。
われひたすらに　死を思い
感覚すべて　とじいたり。

四
伎女《ぎじょ》、踊り、歌《うた》、宮の臥具
よき座具、若さ　美貌、運
多種の宝《たから》を　もつ領土
すべてはわれに　魅力なく

空しきものと、うつりたり。
青い衣を　きて門に
立てる死刑の　執行人
目にするときは、　おお王よ
すぐれしねやの　幸せも
われは享受　しえざりき。

五

青い衣を　きし人の
鳴らす鈴の音　耳にして
われに死への　恐しき
恐怖うまれり　大王よ。

六

死の矢のささりし　わが心
無上の歌も　きくをえず
舞踊もみえず　大王よ
食欲すらも　おこらざり。

七　死の苦熱に　とらわれて
われには眠りも　なかりけり。
ただひたすらに　死を思い
毎夜毎夜が　すぎにけり。

王がいった。

「ヴィータショーカよ。おまえは（今生）一度の死に対する恐怖から、王権を獲得しながらも、喜びを感ずることができないでいる。まして比丘たちは（未来）数百度の死に対して恐怖し、生物が生まれるすべての場所が苦しみを伴っているのを見るのである。地獄には、身体をさいなまれ、火で焼かれる苦しみがある。畜生界には、互いに食いあうという恐怖の苦しみがある。餓鬼界には、飢えと渇きの苦しみがある。人間界には、欲求のために走りまわらねばならない苦しみがある。天上界（神々の世界）には、下位の世界に生まれかわる苦しみがある。三界はこれら五種の苦しみを伴っている。比丘たちは肉体と精神に関する諸《もろもろ》の苦に心を痛め、*蘊《うん》（人間存在の五要素）を殺人者のごとくに見、処《しょ》（六つの感官）を無人の村落のごとくに見、境《きょう》（六つの感覚対象）を盗賊のごとくに見、三界全体を無常の火に焼かれているものと見る。これらの人たちにどうして欲情が生じえよう。」

ここに詩がある。

八
一度のいのちの　死を恐れ
絶えず死の苦を　みるなれに
心楽しき　外界を
楽しむ心は　起こりえず。

九
まして無数の　生につき
未来の恐怖　みる比丘に
食事その他の　楽しみの
心におこる　余地ありや。

一〇
解脱に専心　する人は
衣類、臥具、座具　食べものに
いかで執着　おこさんや。
かれらげにみる　身体を
殺し屋、敵に　ひとしきと。
生は火宅よ、無常よと。

二　解脱をもとめて　生存に
　顔をそむける　人たちに
　いかで離脱の　なからんや。
　かれらの心は　一切の
　楽の場所から　とおざかる。
　水、蓮弁より　逃ぐるごと。

このように、アショーカ王の方便によって、ヴィータショーカは仏の教えに導かれるにいたった。かれは両手を合わせて、いった。「王よ、この私はかの世尊・如来・阿羅漢・正等覚者に帰依します。法と比丘僧伽《＊そうぎゃ》に帰依します。」ここに詩がある。

三　開いたばかりの　清らかな
　蓮華に似たる　まなこもつ
　帰依処（＝仏）にわれは　帰依いたす。
　賢者も神も　人間も
　崇める勝者と　寂法と

僧とにわれは　帰依いたす。

そのとき、アショーカ王はヴィータショーカの首を抱いて、いった。「私はおまえを捨てなどしないぞ。おまえを仏の教えに導くために、*あんな方便を使ってみせたのだ。」

このときから、ヴィータショーカは香、花、花綱をもち、音楽などをまじえて、世尊の塔廟を祀り、妙法に耳をかたむけ、僧伽に供養をおこなうようになった。かれはあるとき鶏園寺におもむいた。そこには六神通をそなえた阿羅漢で、ヤシャスという名の上座がいた。ヴィータショーカは法を聞くために、かれの前に坐った。すると、上座はヴィータショーカの顔をまじまじと見つめはじめた。かれは*神通力でヴィータショーカの過去を調べはじめたのである。かれはヴィータショーカがすでに善根をつんでいること、今生の生が最後であること、今生の生で阿羅漢果を獲得しうることをみてとった。そこで、かれに出家を称える言葉をきかせた。それをきくや、ヴィータショーカは「世尊の教えにおいて出家しよう」という激しい願望をいだいた。かれは立ちあがり、合掌して、上座にいった。「私はよく説かれたこの法の規律をめざして出家し、*具《ぐ》足戒《そくかい》をうけ、比丘の生活をはじめたいと思います。私は尊者のおそばで清浄行を実践したいと思います。」上座はいった。「若者よ、まずアショーカ王に話してみなさい。」そこで、ヴィータショーカはアショーカ王のそばに近づき、合掌して、いった。「王よ、御許可をください。私はよく説かれた法の規律にしたがって、正しい信仰をもって、家を出、出家の生活に入りたいと思います。」
ここに詩がある。

三　われ乱心し　狂奔す
鉤棒《かぎぼう》うけざる　象のごと。
されどもいまは　大王の
知恵の力の　鉤棒で
仏説うけて　規律あり。
王の中の　また王よ
われに恩恵　たれたまえ。
世のよき光　み仏の
すぐれし教えに　つくための
清きしるし（＝出家）を　持たしめよ。

それをきくと、王は涙を流しながら、ヴィータショーカの首を抱きしめて、いった。「ヴィータショーカよ、そのような考えをもってはならない。出家生活に入った

象の鉤棒（aṅkuśa）

ら、*不可触賤民とも一緒に暮さなければならないし、着物は使用人たちが捨てた*糞掃衣《ふんぞうえ》を着なければならないし、食べものは他人の家から貰わねばならないし、臥具や座具は樹木の根もとに敷いた草や葉であるし、病気になっても薬は手に入れがたいし、腐った小便くさい食べものもたべなければならない。ところが、おまえは繊細なからだをしていて、寒さ、暑さ、飢え、渇き等の苦しみに耐えることができない。落ちつきなさい。そのような考えを捨てなさい。」

ヴィータショーカはいった。「王よ、

四　われが出家を　もとむるは
ものの欲しきが　ゆえならず
怠け心の　ゆえならず
敵に打たれし　ためならず
財産とぼしき　ゆえならず。
この世は苦にみち　死に憑《つ》かれ
不幸に包まる　ものとみて
生をば厭い　幸《さち》多く
恐怖脱せる　よき道を

われは行かんと　定めたり。」

それをきいて、アショーカ王は激しく泣きだした。ヴィータショーカは王を慰めようとして、いった。「王よ、

一五　ゆれる輪廻の　ぶらんこに*
乗れば人々　確実に
あがりて降りる　ものなるぞ。
ひとはひとから　別れゆく
王のなげきは　無用なり。」

王はいった。「ヴィータショーカよ。まず乞食《こつじき》の練習をしなさい。」宮殿の園林のなかに、かれのために草の敷物がしかれ、食事が与えられることになった。かれが後宮を回ると、贅沢な食べものばかり与えられた。そこで王は後宮の女たちを叱っていった。「出家にふさわしい食べものをかれに与えよ。」今度は傷んだり、腐ったりした粥が与えられた。ヴィータショーカはそれらを完全に食べこなすようになった。それをみて、アショーカ王は練習をやめさせた。「もうよいぞ。出家せよ。だが、出家しても、姿をみせてくれ。」

ヴィータショーカは鶏園寺へ行った。しかし、かれは考えた。「もし、ここで出家すると、いろいろ人がうるさいに違いない。」そこで、かれは*ヴィデーハ国の人々のところへ行って、出家生活をした。そして、努力の甲斐あって、かれは阿羅漢果を獲得した。長老ヴィータショーカは阿羅漢果を獲得すると、解脱の喜びと幸せを味わいつつ、*王とのむかしの約束を思いおこした。出家しても姿をみせるようにと、王はいっていた。いま王に会いに行こう、と。早朝、かれは衣を着、鉢をもって出かけ、アショーカ王の宮殿の門のところにやってきた。そして、門番にいった。「行って、アショーカ王に告げよ。ヴィータショーカが王に面会を願って門のところにいる、と。」門番はすぐにアショーカ王のもとに行って、いった。「王よ、おめでとうございます。ヴィータショーカ様がやってきて、王に面会を願って、門のところにおいでです。」王はいった。「行って、すぐに案内してまいれ。」ヴィータショーカが宮殿のなかに入ってきた。アショーカ王はそれをみると、*王座から立ちあがり、根もとを切られた大木のように、全身で長老ヴィータショーカの足もとにひれ伏し、身を起して、合掌し、ヴィータショーカをまじまじとみつめながら、涙とともにいった。

一六　衆生《しゅじょう》あい会う　そのときに
　　必ずおこる　感動を

汝はわれに　まみえても
味わわざるが　ごとくなり。
判断力の　もたらせる
叡知の醍醐味《だいごみ》　いま汝《な》れは
満喫すなりと　われ思う。

そのとき、アショーカ王の第一大臣でラーダグプタというものがいた。かれは長老ヴィータショーカが糞掃衣《ふんぞうえ》を着、土製の鉢をもち、乞食でえた食べものを*粗末なものも美味なものも（より好みせず）受けいれてきているのを見た。ラーダグプタはそれをみて、王の足もとにひれ伏し、合掌して、いった。「王よ、この方は少欲かつ知足でありますので、疑いなく、目的を果したと思われます。お喜びなさって然るべきと存じます。なぜなら、

一七　乞食《こつじき》の食《しょく》　糞掃衣
樹木の根方の　起居の場所
これらで生きる　人間に
なんの疑い　ありえんや。

一八　心は広く　けがれなし
からだは丈夫で　病いなし
生活ただしく　意のままよ。
かかる修行者　世の中に
つねに喜悦を　見出だせり。」

それをきいて、王は歓喜して、いった。

一九　マウリヤ王家や　その首都や*
衆《しゅ》珍宝やを　みなすてて
王家のものが　慢や痴や
罵詈《ばり》を克服　する見れば

二〇　われ思うなり　わが大都《だいと》
名誉高まり　清まると。
汝つとめて　おこなえよ
かの十力者の　みおしえを。

それから、アショーカ王はヴィータショーカを両腕で抱きかかえ、特別に用意された座席に坐らせ、自らの手で御馳走の給仕をした。ヴィータショーカが食事を終え、手を洗い、鉢を下に置いたのをみて、王は説法をきこうとして、かれの前に坐った。長老ヴィータショーカは法話でアショーカ王を教化しようとして、いった。

二 放逸ならずに　ふるまいて
王のつとめを　果すべし。
得がたきものぞ　三宝は
常に供養を　なせ、王よ。

こうして、かれは法話で王を満足させると、座より立ちあがった。アショーカ王は合掌し、五百人の大臣と数千の人民とをしたがえ、その先頭に立ち、長老ヴィータショーカを見送った。ここに詩がある。

三 兄なる王が、弟に
敬意をもって　従えり。

これぞ出家の　目にみえる
称讃すべき　成果なり。

長老ヴィータショーカは自分の功徳の力を示してやろうと思い、全人民の見ているまえで神通力で空中に踊りあがり、立ち去っていった。アショーカ王は合掌しつつ、数千の民衆に囲まれ、その前面に立ち、虚空を行く長老ヴィータショーカをじっと見守りつつ、いった。

三　身内《みうち》の愛を　すてさって
なんじは行くよ　鳥のごと。
栄達欲に　つながれし
われらを地上に　残しつつ。

四　身を自由にし　寂静で
心のままに　動く人。
これこそ禅の　結果なり。
欲のめくらに　見えぬもの。

また

二五 栄達ほこる　われわれを
至高の神変　示しつつ
かれはまさしく　咎めたり。
叡智でわれらの　たかぶりと
知恵のおごりを　くじいたり。
業の果みえぬ　知恵をもつ
われら始めて　目をさます、
悟りに達せし　かれにより。
涙にくるる　顔をもて
われらは地上に　残さるる。

さて、長老ヴィータショーカは起居の場所を求めて、辺境の国へやってきた。そこで、かれは重い病気にかかった。アショーカ王はそのことをきいて、薬と看護人を送った。ヴィータショーカがこの病気にかかったとき、その頭がかさぶた*に覆われた。しかし、病気がなおると、頭の毛もまたのびてきた。かれは医者と看護人を送り返した。かれは牛乳でつくった食べものを摂るようになった。そこで、かれは牧牛者の多くいる場所へいって、乞食するようになった。

そのころ、*プンドラヴァルダナの町で、ニルグランタ派の一在俗信者が、仏が*ニルグランタの足もとにひれ伏している絵をかいた。このことを仏教徒の在俗信者がアショーカ王に知らせた。王はそれをきくなり、「そいつを連れてこい」と命じた。それを上空一ヨージャナで夜叉たちが聞き、地下一ヨージャナで龍神たちが聞いた。夜叉たちは瞬くまもなくその男をつれてきた。王はかれをみて、立腹して、いった。「プンドラヴァルダナの*アージーヴィカをみんな殺せ！」このため、一日のうちに、一万八千人のアージーヴィカが殺された。

ところが、パータリプトラでも、ニルグランタ派の一在俗信者が、仏がニルグランタの足もとにひれ伏している絵をかいた。王はそれをきいて激怒し、その在俗信者とかれの親戚縁者を小屋のなかにとじこめて、火を放って焼き殺した。それから、布令を出した。「ニルグランタ派行者の頭を一箇もってきたものには、*ディーナーラ銀貨を一箇あたえる。」この布令は鐘・太鼓で知らされた。

長老ヴィータショーカはある牛飼《うしかい》の家に一夜の宿りをとった。かれは病気のためにやつれており、着物はぼろぼろで、髪、爪、鬚は長くのびていた。牛飼の妻は考えた。「今夜、うちに泊まりにきたこの人はニルグランタ派行者にちがいない。」彼女は夫にいった。「旦那様、私たちのところにディーナーラ銀貨が舞いこみましたよ。あのニルグランタ派行者を殺して、頭をアショーカ王のところに持っていきましょう。」そこで、牛飼の男は刀を抜いて、長老ヴィータショーカに近づいた。長老ヴィータショーカは過去世に対して知の矢を放った。その結果、自分のおこなった業の酬いがやってきたことを知った。そして、業のことはどうにもなるものではないと悟って、平然としていた。こうして、かれの頭は牛飼に切られたのである。

牛飼は頭をもって、アショーカ王のもとにおもむき、「ディーナーラ銀貨を下さい」といった。頭をみたアショーカ王ははっとした。だが、この頭の髪はまばらであって、弟の特徴に合致しない──王は医者や看護人を呼びよせた。かれらは見るなり、いった。「王よ、これはヴィータショーカ様の頭でございます。」聞くなり、王は気を失って、地面に倒れた。まわりのひとが水をかけて、かれを起きあがらせた。大臣たちがいった。「王よ、情欲を克服した聖人たちにまで累が及びます。すべての民衆に安心を施されますよう。」そこで王は安心を施した。「今後、いかなる人をも殺してはならない。」

比丘たちは疑問をいだいて、疑問ならなんでも解決してくれる長老ウパグプタに質問した。「長老ヴィータショーカは前世でどんな行為をしたために、その行為の結果によって刀で殺されるようになったのですか。」上座がいった。「長老たちよ、かれは以前、多くの生において、さまざまな行為をなしたのだ。聞かれよ。

比丘たちよ、むかし、あるとき、一人の猟師が鹿を殺して、暮しをたてていた。森のなかに井戸があった。猟師はそのそばに行って、網と罠をしかけ、鹿を殺していた。仏たちはまだ出現せず、世には縁覚たちが現われていた。*あるとき、一人の縁覚がその井戸のところで食事をすませ、井戸を離れ、樹木の根元に結跏趺坐して坐った。この縁覚の匂いのために、鹿たちは井戸に近づかなくなった。猟師はやってきて、鹿たちが井戸に近づかなくなったことを知った。かれは足あとを辿って、かの縁覚のいるところにきた。かれは縁覚をみて、考えた。「こいつのために、うまくいかなくなったのだ。」かれは剣を抜いて、この縁覚を切り殺した。

長老たちよ、あなたがたはどう思うか。この猟師こそ、実はかのヴィータショーカなのだ。かれは鹿たちを殺したために、その業の結果によって、重い病気にかかったのだ。また、かれは縁覚を剣で殺したために、その業の結果により、無慮数千年のあいだ地獄で苦しみを受け、人間界に五百回うまれかわり、その都度、剣で殺されるのだ。この業がまだ残っているために、阿羅漢になっても、剣で殺されたのだ。」

「では前世でどんな行為をしたために、その行為の結果によって、高貴の家柄に生まれ、阿羅漢果を獲得したのですか。」上座は答えた。「*カーシャパが正等覚者であったとき、かれは出家者であり、布施行を好んだ。かれは気まえのよい施主を勧誘して、僧伽への食事、すなわち食べもの、粥、飲みものをつくらせ、僧をかれらの家に招待させたりした。また塔には傘蓋をのせ、幟や旗をたてた。また、香や花綱や花や音楽などでもって供養をおこなった。かれはこのような行為の結果によって、高貴の家柄に生まれたのである。

さらにかれは一万年間、清浄行をおこない、正願をたてた。かれはこの行為の結果により、阿羅漢果を獲得したのである。」

# 十　半アーマラカ果の布施

*アショーカ王は世尊の教えに対して信心を確立させると、比丘たちに尋ねた。「世尊の教えに対し最大の布施をおこなったのは誰ですか。」比丘たちは答えた。「アナータピンダダ居士です。」「どのくらい布施しましたか。」「百*千万《コーティ》金です。」

それをきいてアショーカ王は考えた。「アナータピンダダは一介の居士にすぎないのに、世尊の教えに百千万金の布施をおこなった。」そこで、かれは誓った。「私もまた世尊の教えに百千万金の布施をおこなおう。」かれはすでに八万四千の塔を建てた。また、仏の生誕の地、成道の地、転法輪の地、般涅槃の地のそれぞれに十万金ずつ布施した。（*シャーリプトラ等の仏弟子たちの塔の）それぞれに十万金ずつ布施した。五年大会をもよおして四十万金を布施した。三十万人の比丘たち――そのうち十万人が阿羅漢で、二十万人が弟子と精進凡夫であった――に食事を提供した。また、国庫は除外し、王土と、妻妾と、大臣と、自分自身と、クナーラを聖なる僧伽に寄進し、四十万金だして、それらを買いもどした。こうして、九十六千万金を世尊の教えに対して布施したとき、かれは病気になった。王は「自分はもはや永くはないだろう」と考えて、心を傷めた。王にはラーダグプタという大臣がいた。王が前世で仏に土くれの布施をしたときに一緒にいた男である。そのラーダグプタがアショーカ王が心を傷めているのをみて、その足もとにひれ伏し、合掌して、いった。

一　燃える日輪　さながらに
剛敵すらも　近づいて
あえて見上げぬ　そのみ顔。
百の婬女に　愛されし
み顔になどて　涙ある。

王はいった。「ラーダグプタよ。私は財産を失うことを嘆いているのでもなければ、王位を失うこと、身体を失うことを嘆いているのでもない。私が嘆いているのは聖なる比丘たちと別れなければならないということなのだ。

二　美徳にみちて　人《にん》・天《でん》の
供養をうける　かの僧伽
われは目にして　飲食を

供するすべを　失わん。
これを思うて　涙する。

それに、ラーダグプタよ、私には「世尊の教えに百千万金の布施をしよう」という願いがあったのだ。しかし、その目標はまだ達せられていない。」

このときから、アショーカ王は四千万金の不足分を満たそうと思って、黄金を鶏園寺へ送りはじめた。

そのころ、クナーラの息子でサンパディというものが皇太子の地位についていた。かれの大臣たちがかれにいった。「王子よ、アショーカ王は余命いくばくもありません。そして、王国の財産を鶏園寺に送っております。しかし、王たるものは国庫を力とするものであります。アショーカ王の行為をやめさせなさいませ。」そこで王子は国庫管理人に命じて、財産搬出を禁止させた。アショーカ王はそのような禁止措置をうけたが、食事は金の食器で与えられていた。王は食事がおわると、それら金の食器を鶏園寺に送ってしまった。そこで金の食器は禁止され、銀の食器で食事が与えられた。王はこれも鶏園寺へ送ってしまった。そこで銀の食器は禁止され、鉄の食器で食事が与えられた。アショーカ王はこれも鶏園寺へ送ってしまった。そこで、今度は土の食器で食事が与えられた。そのとき、アショーカ王の手のなかに*アーマラカ果の半片がのこった。アショーカ王は悲痛な気持で、大臣と市民とを呼び、「いま、大地の主はだれか」と尋ねた。一人の大臣が座から立って、アショーカのそばに近づき、合掌して、いった。「王様が大地の主でございます。」しかし、アショーカ王は涙で眼をくもらせながら、大臣たちにいった。

三　慰めんとて　いつわるな。
われらは権力　失えり。
半アーマラカの　のこるいま
わが権力は　終り告ぐ。
あわれはかなき　権力よ
仮りにふえたる　河の水
激しく流るる　ごとくなり。
人の王なる　われにすら
かの恐しき　欠乏が
いま確実に　訪れぬ。

四＊　世尊の言葉　真理なり
たれか言いえん　しからずと。

アーマラカ果

真実語者の　ゴータマは
あい会うものは　必ずや
別れにおわると　教えたり。
*むかし勅令　われ出せば
異を唱うもの　絶えてなし。
しかるに今は　岸壁に
障《さ》えられ　川の　とまるごと
わが勅令も　とどこおる。

五

むかしはわれの　一声で
むほん反乱　しずまれり。
大地はくだれり　わが傘下。
われは傲《おご》れる　敵除《のぞ》き
貧窮者をば　救いたり。
いまは民の主《しゅ》　アショーカは
自己の座をば　失いて
うらぶれ果てて　輝かず。

切られて花や葉　失える
アショーカの樹の　枯れるごと。

アショーカ王は傍らにいた家来を呼んで、いった。「*友よ、私は権力を失ってしまったけれど、むかしの功績に免じて、私のために最後の使いを果してくれないか。私のこの半アーマラカをもって、鶏園寺にいき、僧伽に手渡してくれ。それから、私の名において、僧侶たちの足に敬礼をして、次のようにいってくれ。「贍部洲の主である王の、これがいまや全財産です。この最後の贈りものを、どうぞ出来るだけ多くの僧侶方に行きわたるようにお召しあがり下さい」と。」ここに詩がある。

六　今日のこの布施　最後なり。
王権、*自性《じしょう》の　無に帰せり。
健康、薬師《くすし》、薬《くすり》なき
われの救い手　ほかになし
聖なる僧伽を　除いては。

七　私の最後の　この布施を

召しあがれかし　なるべくは
私の布施の　福徳が
僧伽に広く　渡るよう。

家来はアショーカ王に向って、「かしこまりました」と返事をすると、半アーマラカをもって、鶏園寺におもむき、上座の前に膝ついて、合掌して、半アーマラカを僧伽にさしだして、いった。

八　かつて権威の　唯一の
傘を全地に　さしかけて
命をば下し　太陽の
真昼にたっして　照らすごと
世界を照せし　その人が
自己の業《カルマ》に　まどわされ
栄誉の亡びる　様みつつ
日の暮れどきに　達したる
太陽さながら　力なく

権力の座より　下《くだ》りたり。

それから、家来は信愛の心をもって頭を垂れて挨拶し、運命のうつろい易さの象徴であるかの半アーマラカを僧伽にさしだした。僧伽の上座は比丘たちにいった。「卿ら、大徳よ、いまこそ恐れ厭《いと》う気持をおこすべきである。なぜかというに、世尊は実にこういわれたのだ。「他人の破滅は恐れ厭う気持をおこすよすがである。」いまや、心ある人のだれに恐れ厭いの気持がおこらないだろうか。なぜかというと――

九　これなるアショーカ　人の王
マウリヤの星　布施の雄《ゆう》
贍部《せんぶ》の支配者　いまなれり
半アーマラカの　支配者と。

一〇　大地の王も　いまははや
諸臣に力　うばわれて
半アーマラカの　布施をなす。
地位・享楽に　乱心し

おごれる凡夫に　アショーカは
かれの思いを　述ぶるごと。」

それから、僧侶たちは半アーマラカをすりつぶし、煮汁のなかに溶かし、僧伽全体にいきわたらしめた。

さて、アショーカ王はラーダグプタにいった。「ラーダグプタよ、言ってくれ。いま大地の支配者はだれか。」するとラーダグプタはアショーカの足もとにひれ伏し、合掌して、いった。「王が大地の支配者でございます。」すると、アショーカ王はよろよろと立ちあがって、四方を眺めまわし、僧伽にむかって合掌し、いった。「私はいま、大国庫だけを除き、海に達するまでのこの全大地を世尊の弟子達の僧伽に捧げます。」ここに詩がある。

二　海なる青衣《せいい》を　身につけて
無数の宝を　顔につけ
生きもの載せて　マンダラ*の
山を支える　この地をば
われは僧伽に　布施いたす。

ここに福の果　実れかし。

三

われこの布施で　求むるは
帝釈天の　宮ならず
梵天世界の　果にあらず
ましてはかなき　奔流に
似たる王位の　華《はな》ならず。
信仰深き　この布施で
われが求むる　報酬は
自己の心の　支配なり。
奪われえざる　朽ちえざる
聖者もあがめる　支配なり。

アショーカ王はこれらの言葉を木の葉に書きつけ、それに歯の印しを押した。こうして、王は大地を僧伽に布施して、この世を去った。大臣たちは青や黄の布で飾った輿《こし》をつらね、王の遺体をそれにのせて、葬式をおこない、新しい王をたてようとした。そのとき、ラーダグプタがいった。「アショーカ王が大地を僧伽に布施してしまいました。」諸大臣が「どうしてですか」ときいた。ラーダグプタはいった。「アショーカ王には世尊の教えに対し百千万金の布施をしようという願いがありました。ところが、九十六千万金まで布施したところで、邪魔が入ったのです。王は目的を達成しようとして、大地を僧伽に寄附したのです。」そこで、大臣たちは四千万金を僧伽に与えて、大地を買いもどし、サンパディを王位につけた。

サンパディの子はブリハスパティであった。ブリハスパティの子はヴリシャセーナであった。ヴリシャセーナの子はプシュヤダルマンであった。プシュヤダルマンの子はプシュヤミトラであった。

プシュヤミトラは大臣たちに問いかけた。「私の名が永く残るためにはどんな方法があるか。」大臣たちはいった。「王の家系からむかしアショーカという名の王が出ました。かれは八万四千の塔をたてました。世尊の教えが続くかぎり、かれの名も生きつづけるでしょう。あなたも八万四千の塔をおたてなさい。」王はいった。「アショーカ王は偉大な王で知られた方だ。なにかほかに方法はないか。」

この王に宮廷付司祭の婆羅門*がいた。かれは凡夫で、仏教への信仰をもっていなかった。そのかれが王にいった。「王よ、名を残すには善いことをするのと、悪いことをするのと、二つの方法があります。アショーカ王は八万四千の塔をつくって有名になりましたから、あなたはそれを壊して有名になりなさい。」そこで、プシュヤミトラ王は四種の軍隊を調えて、世尊の教えを消滅させようと、鶏園寺にやってきた。ところが、門のところで獅子吼が放たれた。王は仰天してパータリプトラに逃げかえった。こういうことが二度、三度とくりかえされた。そこで、*王は鶏園寺の比丘たちを呼びよせて、いった。「私はいまから仏法を破壊しようと思う。塔と僧房と、どちらを残したいか言え。」比丘たちは塔のほうを選んだ。そこで、プシュヤミトラは僧房を破壊し、比丘たちを殺しはじめた。

かれは*シャーカラへ行ったとき、いった。「私に沙門の頭をもってきたものには、百ディーナーラ銀貨を与える。」*この国にダルマラージカーという寺があり、一人の阿羅漢が住んでいた。かれは神通力で沙門の頭を数万個もつくり出し、人々にそれを王のところへ持っていくようにいった。王はそのことをきくと、その阿羅漢を殺そうと思った。ところが、阿羅漢は*滅尽定《めつじんじょう》に入ってしまい、危害を加えることができなくなった。王はその企てを放棄して、*コーシュタカへやってきた。

*ダンシュトラーニヴァーシン夜叉は考えた。「いまや世尊の教えが滅亡しようとしている。だが、私は仏誡を受持している。私はいかなる人に対しても悪いことはできない。」ところが、かれに娘がいて、クリミシャ夜叉から所望されたことがあった。そのときは、ダンシュトラーニヴァーシン夜叉はクリミシャ夜叉に「おまえは悪いことばかりしているから」と断った。しかし、いまや、世尊の教えを救うため、守護するために、娘をクリミシャ夜叉に与えることにした。プシュヤミトラ王のうしろには一人の*強い夜叉がついてい

た。王はかれをつれているお蔭で、不死身であった。そこでダンシュトラーニヴァーシン夜叉は王にくっついているこの夜叉をつれて、山歩きに出かけた。それから、南の大海に行った。その間、クリミシャ夜叉は大きな山を運んできて、プシュヤミトラ王とその軍隊と戦車とを圧しつぶしてしまった。それで、この場所には*ムニハタ（「寂黙行者に殺された」）という呼び名がついた。プシュヤミトラ王が死んで、マウリヤ王家は断絶した。

# 注

注記において、「テクスト」はヴァイディヤ本『ディヴィヤ・アヴァダーナ』を、「伝」は『阿育王伝』を、「経」は『阿育王経』をさす。いずれについても、解説の「三　テクストと翻訳」（二三〇ページ以下）参照。（　）内の数字は本文のページ数を示す。

## 〔一　土くれの布施〕

(13)**ラージャグリハ**　漢訳経典で「王舎城」と訳す。マガダ国の都。

**カリンダカ**　Kalindaka. ふつうカランダカ（Kalandaka）とされる。マガダ国の長者。世尊に竹林精舎を寄進した。

**五五**　番号が途中からはじまっている理由については、解説の最後（二三九ページ）を参照。

**金山**　Kanakācala. 須弥山（妙高山）の異称。

**ある意図を秘めて**　sābhisaṃskāram

(14)**舎利鳥、コーキラ鳥、ジーヴァンジーヴァカ鳥**　舎利（śārika）は現在インドのマイナ（カバイロハッカ）のことだといわれている。コーキラ（kokila）は現代名をコイルというが、それはコーキラが訛ったものである。かっこう、あるいはほととぎすに似た鳥。ジーヴァンジーヴァカ（jīvaṃjīvaka）は共命《ぐみょう》と訳す。空想的な鳥らしく、二頭一身なのでこの名があるという。（ジーヴァは生命の意で、ジーヴァンジーヴァはそれを二つ重ねた言葉である。）

**箱**　テクストのpedaをpeṭaに変えて読む。

**腕輪など**　経による補。

**東の部分が踊りあがって、……中央の部分が沈む**　六種震動については経典によって様々な説明がある。（望月仏教大辞典「ロクシュシンドウ」の項参照。）われわれのテクストでは「東の部分がもりあがって、西の部分がへこみ、周辺がへこんで、中央がもりあがり」のあとにcalitaḥ pracalito vedhitaḥ pravedhitaḥの四語がある。これら四つの言葉は震動のしかたの微妙な差をあらわしているらしいが、それを翻訳しても、具体的なイメージを伝えることは困難であろう。本書に採用した文章は経のものである。

(17)**三十二大人相**　偉人にそなわるとされる三十二の特徴。足が扁平足である（足安平相）、男根がからだのなかに隠れている（馬陰蔵相）、朗々たる音声をもつ（梵音深遠相）、眼やまつげが牛の王者のそれのようである（眼睫如牛王相）、眉間に白い毛のかたまりがある（眉間白毫相）、頭の頂上にもりあがりがある（頂成肉髻相）、など。

**自然生者**　svayaṃbhuva. 独立自存者の意。シヤカに対してはその徳に応じて様々な呼び名がある。（望月仏教大辞典「セソン」の項参照。）そのなかに svayaṃbhu というのがあり、これが自然生者と訳されている。本書の訳語はこれを借用した。

**円光**　原語は vyāmaprabhā. 訳語は伝、経のものを利用した。

**大地を一つの傘の下に収め**　傘（chattra）は王権の象徴。元来、傘は貴人の頭上にさしかけるもので、仏塔の上にも用いられている。

(18)**福田**　kṣetra. 正確には puṇya-kṣetra というべきである。仏を肥沃な田にたとえたもの。ここに種（布施・供養）をまけば、将来、豊かな実りがもたらされるからである。

**等活地獄、……阿鼻地獄**　これらは八熱地獄と呼ばれ、上下に重なっている。くわしくは拙著『須弥山と極楽――仏教の宇宙観』（ちくま学芸文庫）を参照されたい。

(19)**四大王衆天、……阿迦尼瑟吒天**　上位の天（＝神）ほど修行がすすんでいる。仏はこれらの神々をも超えたところに存在する。くわしくは前注の拙著を参照されたい。

**偈**　gāthā.「詩句」の意。

(20)**鉄輪王**　balacakravartin. bala に鉄の意味はないが、経によって「鉄輪王」と訳してみた。輪王、すなわち転輪聖王（cakra-varti-rājan）とは正法をもって世を治める大帝王をいい、これに四種ある。上位のものからあげると、金輪王、銀輪王、銅輪王、鉄輪王である。これらの王は順次に世界の四洲、三洲、二洲、一洲を支配する。

**金輪王** cakravartin. 金という言葉はないが、経によって「金輪王」と訳してみた。金輪王については前注参照。

**声聞** śrāvaka. 仏の弟子を意味する。大乗仏教では自利のみを追求する低次の修行者を意味するようになった。

**縁覚** pratyeka. 正確には pratyeka-buddha というべきである。シャカの教えに接することなく、独自に悟った聖者をいう。大乗仏教では、声聞よりは上位におかれるが、やはり小乗的存在とみなされる。

**白毫** ūrṇā. 仏のひたいにある白い毛のかたまり。三十二相の一。

**肉髻** uṣṇīṣa. 頭の頂上のもりあがり。三十二相の一。

**三千世界から……入るのである。ところで、……光をだした。その光は** 経による補。

**右遶して** pradakṣiṇī-kṛtya. 右廻りすること。すなわち、聖なる対象に右肩を見せつつ、そのまわりを回ること。

**アーナンダ** 十大弟子の一人。漢訳名を阿難という。長年にわたり釈尊の侍者をつとめた。「多聞第一」と称される。八七ページ参照。

(21)**牛王** ヴェーダ時代以来、牛は貴重な財産であったが、その姿はまたインド人の称讃の的であり、しばしば優れた人のたとえに用いられた。今日、ヒンドゥー教徒のあいだで牛が神聖視されているのはよく知られている。

**如来・阿羅漢・正等覚者** 悟りを開いたシャカを呼ぶのに多くの名がある。如来の十号といって、主なものに十の称号があり、そのうち如来・阿羅漢・正等覚者はしばしば一連に用いられる。

(22)**般涅槃** parinirvṛta (=parinirvāṇa) の音訳。「完全な涅槃」の意。具体的には覚者の死をさす。

**世界の四分の一を支配する** caturbhāga-cakravartin. 世界に四洲ある。すなわち、東の勝身洲、南の贍部洲、西の瞿陀尼《くだに》洲、北の倶盧《くる》洲。鉄輪王はこのうち南の贍部洲だけを支配する。一八二ページ、「鉄輪王」の注参照。

**塔** 原語は dharmarājikā. 文字どおりには「法王の」を意味する。

**舎利塔** dhātugarbha.

**贍部洲** jambu-khaṇḍa. ふつう jambu-dvīpa という。理論的にはわれわれ人類のすむ全大陸をさすが、実質的にはインド亜大陸を意味しているようである。

**経行** caṃkrama. 逍遙の意。経行は禅家ではキンヒンと読む。

## 〔二 太子選定〕

(23)**ウダーイン** すぐうしろではウダーイバドラと呼ばれている。

**パータリプトラ** Pāṭaliputra. 現在のパトナ市。アジャータシャトルによって都はラージャグリハからここに移された。

**チャンパー** Campā. ガンジス河畔の町で、パータリプトラより下流に位置する。

**身の毛のたつほど喜んだ** romaharṣa. インド文学では強度の喜びを表現するとき、しばしばこのいい方が使われる。

(25)**王妃はいった** 経ではビンドゥサーラ王がいったことになっている。

**ヴィガタショーカ** Vigataśoka. ヴィガタショーカは第九章ではヴィータショーカ Vītaśoka として登場する。vigata も vīta も「離れ去った」の意である。śoka は「憂い」の意。

(26)**ラーダグプタは自分の老象をアショーカに与え、……勧めた** これは伝の文章である。テクストには「そこに王の老象がいた」とあるだけである。

**他の王子たちは金の座具、……届けられてきていた** これは伝の文章である。テクストには、金、銀、おいしい、などという言葉はない。

(28)**タクシャシラー** Takṣaśilā. 現パキスタン北部のタクシラ。往時の諸遺蹟が残り、博物館もたてられている。

**四兵**　caturaṅga-balakāya. 四種の軍隊。象兵、騎兵、車兵、歩兵。

**ヨージャナ**　距離の単位。一説に七キロ強。

**カシャ国**　Khaśa-rājya. 伝「佉沙国」、経「佉師国」。『大唐西域記』では中国領トルキスタン西端のカシュガルを「佉沙国」と呼んでいるが、これのことか。

(29)**禿げていた**　khallāṭaka. ビュルヌフはこれを大臣の名前と解釈した。プシルスキイはこの語は「禿」を意味すると注記している。伝、経にはこの大臣の固有名はでていない。そして、それぞれ「頭禿落」、「頂上無髪」と訳している。いまプシルスキイの注記にしたがって訳す。

**鬱金**　haridrā. 植物名。学名 Curcuma longa. 英語 turmeric. ショウガ科の植物で、根茎をカレーの材料にする。経は「黄薑」と訳している。なお、中国文献で鬱金がサフランをさすこともあるから要注意。

**赤染料**　lākṣā. カイガラ虫が分泌する樹脂状物質。赤染料として用いられる。英語の lac や lacquer の語源になっている。伝「羅叉」、経「落叉」。

(30)**冠帯**　paṭṭa. バクトリア系ギリシャ、クシャーナ、ササン等の王朝の貨幣の王の肖像の頭にそれかと思われる帯がみられる。

**夜叉**　yakṣa の音訳。下級神の一種。森または樹木の精霊のようなもの。

**北門**　経による補。

**スシーマはまず第三の門へ……。ラーダグプタはいった。「いま……何もならないでしょう。」**　伝による補。

(31)**阿羅漢道**　小乗仏教の修行の四段階のうち、最終・最高の段階をいう。一九四ページ、「預流の成果」の注参照。

〔三　残忍アショーカ〕

(32)**竹すだれ**　kiṭikā. 原語の意味は不明。経に「竹箔」とあるので、これを参考にして訳した。

(33)**「世界中の悪人から……。」**　この一文は伝から借用した。テクストには「全贍部洲の死刑執行もやりましょう」とある。

(34)**鶏園寺**　kukkuṭārāma. マウリヤ王朝の首都パータリプトラにあった寺院。『大唐西域記』では、アショーカによって造られたとある。

**賢愚経**　テクストに bhikṣuśca bālapaṇḍitaḥ sūtram paṭhati とある。ビュルヌフはここを「バーラパンディタ比丘が経を唱えていた」と訳した。プシルスキイは bālapaṇḍitaḥ（主格）を bālapaṇḍitam（対格）に変えて「比丘がバーラパンディタ（愚者と賢者）経を唱えていた」と訳した。この解釈は伝の「有一比丘、誦悪嬰愚経」に合致する。

(35)「**ある衆生がいて……**」　これは前文とほとんど同じである。故に省略する。

(36)**ここに詳しい描写を挿入すべし**　vistareṇa kāryam. この言葉は経典にしばしば出てくる常套句で、読誦者にその知識をもって適当な描写を補うよう指定している。

(39)**五種障蓋**　pañcāvaraṇāni. 五蓋とも訳す。次の五種の煩悩をさす。貪欲、瞋恚、惛沈睡眠、掉挙悪作、疑。

**三界**　欲界、色界、無色界を総合した世界。つまり全宇宙。

(40)**結跏趺坐**　瞑想のときに行なうあぐら坐。原文には paryaṅkenopaviṣṭa（結跏趺坐している）とある。

(44)**十力**　daśabala. 十種の神力。処非処智力、業異熟智力、静慮解脱等持等至智力、等。ここでは「十力を持つ者」のことで、仏の呼び名。

**〔四　八万四千の塔〕**

(46)**桶塔**　droṇastūpa. droṇa は辞書に「木製の容器、桶」とある。「容量の単位」ともある。シャカの叔父「斛飯王」の「斛」は droṇa の訳である。ディヴィヤ・アヴァダーナのこの箇所を伝は「アジャータシャトル王が四升の舎利を埋めたところ」とし、経は「アジャータシャトル王が塔を建て、頭楼那（瓶と訳す）と名づける処」とする。「桶塔」とは仏の舎利を木製の容器にいれて埋めた上にたてた塔のことだろうか。ただし、一般の伝承では droṇa は舎利の争奪戦の仲裁者となったバラモンの名（漢訳「香姓婆羅門」）である。このバラモンは容器に入った仏の遺骨を八つに分け、八国に与え、自分は空になった容器を貰いうけて、その上に塔をたてた。この塔が瓶塔《びょう》と呼ばれている。一方、ヴァルトシュミット復元の「大般涅槃経」ではこのバラモンの名はドゥームラサ＝ゴートラであり、かれが塔を建てた場所がドローナ村と呼ばれている（岩本裕『仏伝文学・仏教説話』〔仏教聖典選第二巻〕読売新聞社、一五一ページ）。droṇa の意味はいま確定しがたい。

**信仰の情熱にみたされ**　bhaktimat. bhakti（信愛）の語は八三および一七五ページにも出る。

**王も納得した**　伝では、龍たちは人間も及ばぬ立派さで遺骨をまつっていたと記す。

(52)**二生者**　dvijātiḥ（ママ）。正しくは dvijāta. 四階級のうちの上位三階級。これらの人たちは、生物学的な誕生のほかに、宗教的な誕生（バラモンの入門式）を経験するので、こう呼ばれる。

(54)**タクラ**　takra. 辞書に butter milk とある。酪、熟酥、生酥もみな牛乳製品である。

## 〔五　ウパグプタとの会見〕

(57)**須弥山**　sumeru. 世界の中央にたつとされる神話的な巨山。

**実のあるものと確信して**　テクストには一行弱の重複がある。いまは訳からそれを省く。

**アパラーラ龍……**　アパラーラ龍（apalāla）はウディヤーナ（現パキスタン北部）のスワート川源流にすんでいた龍。ゴーパーリー龍（Gopālī）はナガラハーラ（現アフガニスタン東部）の川（カーブル川）の沿岸にすんでいた龍。クンバカーラ龍（Kumbhakāla）とチャンダーリー龍（Caṇḍālī）についてはは不詳。

(58)**マトゥラー**　Mathurā. デリーとアグラのほぼ中間にある。仏教、ジャイナ教、ヒンドゥー教の遺蹟が多い。

**森林居処**　araṇyāyatana. 森林中の修行者の居処。

(60)**金剛** vajra. インドラ神の武器。たぶん雷光の象徴。のちには、ダイヤモンドをも指す。

(61)**巧みな物いいをした** 第21偈はウパグプタが弟子をつれてヤムナー＝ガンジス川を渡ったことをウパグプタが弟子を導いて輪廻の流れを渡らせたことにかけている。

(62)**両足尊** dvipadapradhāna. 両足とは人間のこと（四足動物に対する）。人間中の尊者が両足尊。

**半月でかこまれるがごとく** ardhacandreṇa upaguptam. ここには語呂あわせがある。「半月に護られる（upagupta）ウパグプタ（Upagupta）」とある。

**片足を川岸におき……** 前の記述と矛盾する。前の記述によれば、ウパグプタはすでに上陸したはず。

(65)**すでに実行しました** この訳はテクストどおりではない。テクストには anuṣṭhīyate とあり、現在形である。しかし、塔をつくったのは過去のことであるから、こう訳しておく。

**傘蓋、幢幡** chatra, dhvaja. 傘蓋は塔の頂上にたてる傘。幢幡は恐らく塔の周囲にたてたであろう旗もの。

(66)**身体・財産……選びとる** プシルスキイは文中に jīvikām とあるのを jīvitāt と訂正し、「身体と生活具と命をすてて法をとる」とする。伝「於身命財、応取堅法」。経「王於身命財、応当修真実」。私の訳もこれに従う。

**トゥーラ綿かカルパーサ綿** tūla-picu, karpāsa-picu. 辞書では tūla, karpāsa, picu すべてに cotton の訳語が与えられている。伝、経には「兜羅綿」とある。

**カーシ絹** kāśi. カーシ（またはカーシー Kāśī）とはいまのベナレスを中心として存在した王国の名。そこに産する優秀な繊維製品もまたカーシと呼ばれる。この繊維製品が綿であるか絹であるか不明。現在、ベナレスでは優秀な絹製品がつくられている。

## 〔六 仏跡巡拝〕

(69)**上座はいった**　テクストにはこのあと一行強の文章があるが、それはすぐ前の文章と重複するので、訳からは省く。

**王は詠じた**　訳者の付加。

(70)**牟尼**　muni. の音訳。寂黙行者または聖者の意。「釈迦牟尼」というのは、「釈迦族の聖者」の意。

(72)**好き相そなえて**　lakṣaṇabhūṣitāṅga. 三十二大人相をそなえること。一八二ページ、「三十二大人相」の注参照。

(73)**インドラ**　ヴェーダ神話における英雄神で、仏教にとり入れられて帝釈天（＝天帝釈）と呼ばれ、仏教の守護神となった。須弥山の頂上の宮殿に住んでいる。

(74)**菩薩**　成道以前のシャカを、とくに菩薩（「悟りを求める者」）と呼ぶ。前世時代のシャカもこの語で呼ばれる。

**シュッドーダナ王**　浄飯王。シャカ族の王で、シャカムニの父。

**シャーキャヴァルダナ**　śākyavardhana. シャカ族の氏神のことか。

**天中天**　devātideva.「神々のなかの神」の意。西暦紀元前後に異民族の王たちが貨幣にもちいた称号「王のなかの王」Rajadiraja を想起させる。また、西暦前二世紀のペスナガルのガルダ石柱刻文にヴァースデーヴァ神の形容として「神々のなかの神」devadeva の語があるのを想起させる。

(75)**チャンダカ**　車匿。シッダールタ太子（のちのシャカムニ）の従者。太子が城を脱出するとき、御者としてかれに従った。

**土色の衣**　kāṣāyāṇi vastrāṇi. 仏教の出家者が世俗的な欲望と縁を切るために着るくすんだ色の衣。kāṣāya は「土色の」の意味であり、漢訳経典では袈裟《けさ》とか壊色《えじき》とか訳される。近代の軍服の色をカーキ色というが、この「カーキ」の遠い語源になっている。

(76)**捨てにけり**　tāpitā. 経を参考にして訳した。

(77)**こちらの道**　おそらく「苦行とは別のこちらの正しい道」の意が含まれている。

(78)**上座はただちに……。「早く出てこい……、聞き**

**たがっている。」** 伝による補。

(79)**ナムチ** namuci. 悪魔の一種。まえの「魔羅」(māra) と同じものをさす。辞書によると、悪龍ヴリトラと同じらしい。

(80)**リシパタナ** ṛṣipatana.「仙人堕処」と訳すが、実は「仙人が落ち合う処」の意。鹿野苑のこと。

**三転十二行相** triparivartaṃ dvādaśākāram. 一つの真理を修得する際に経験すべき十二の徳目。たとえば、この世は苦であるという真理(苦諦)に対し、これを知り、これを修し、これを修得するという三段階(三転)がある。そして、各段階において、〝眼〟〝智〟〝明〟〝覚〟の四徳目を発生するから、全体では十二の徳目を発生することになる。(望月仏教大辞典「サンテンジュウニギョウソウ」の項参照。)

また、法輪を回転するとは、帝王が戦車で大地を征服するのになぞらえて、法による征服(真理の普及)を意味したものである。

(81)**安居をすごし** varṣā uṣitvā. 安居(varṣā)とは雨期の定住生活のこと。

(82)**ジェータ林** jetavana. 祇園精舎のこと。

(83)**シャーラドゥヴァティーの生みし子** Śāradvata. シャーリプトラ(舎利弗)のこと。かれの母はシャーラドゥヴァティーというので、かれをシャーラドゥヴァタと呼ぶ。すぐあとに Śāradvatīputra という言葉がでてくるが、これもかれのことである。たぶん Śāradvatī は Śāri と同じ女性なのだろう。「プトラ」(putra) は「息子」の意である。

(84)**コーリタ** Kolita. マハーマウドゥガリヤーヤナ(大目犍連、目連)の別名。

(85)**頭陀功徳説者** dhūtaguṇavādin. 頭陀(dhūta)は貪欲を捨てること。これにもとづく行が頭陀行であり、そのとき携帯する袋が頭陀袋である。

**白い衣を着せられました** 伝や経によると「仏は自分の衣を脱いで、迦葉に着せた」とある。テクストの śvetacīvara は svacīvara の誤りなのだろうか。śveta は「白い」、sva は「自らの」を意味する。

(87)**〝少欲者の第一人者〟** 伝による補。

カーカニ　kākaṇi.　非常に少額の硬貨。
(88)多聞海　śrutasamudra.
(89)〝憂い離る〟の名ある人　アーナンダの名には「喜び」という意味がある。
(90)祭祀　kratu. 元来は動物の犠牲をともなうバラモン教の儀式をいうが、ここでは仏教的に「供養」を意味し、廟の建立をいう。
なお、この章は、シャカの伝記を前提としている。伝記の詳細については左記のもの参照。

水野弘元『釈尊の生涯』（春秋社・一九六〇）。

中村元『ゴータマ・ブッダ――釈尊伝』（法藏館・一九五八）。

中村元『ゴータマ・ブッダ――釈尊の生涯』（春秋社・一九六九）。

前田恵学『釈尊』（山喜房仏書林・一九七二）

〈七　菩提樹供養と五年大会〉

(91)マータンガ族のある女　mātaṅgī. マータンガ族はアウトカーストに属する賤民のひとつ。占術、呪術、音楽にたけている。
(93)毎日　divase. ビュルヌフは「一日に」と訳す。伝は「恒に」、経は「日日」と訳す。
(94)沐浴し　ビュルヌフと伝は「王が沐浴した」と解釈する。経は「王が菩提樹に水をかけ、衣をきせた」と解釈する。
八斎戒の儀式をおこない　aṣṭāṅgasamanvāgatam upavāsam upoṣya. 八斎戒とは毎月一度、在家仏教徒が守る八つの戒律である。殺すなかれ、盗むなかれ、などのほかに断食が含まれる。
休憩小屋　śaraṇa-tala. この訳語に自信はない。伝は「上高楼上」とし、経は「登殿上」とする。菩提樹のそばに小さな建物でもたっていたのだろうか。
スガタ　sugata.「善逝」と訳す。「よく行けるもの」の意。仏のこと。
アスラ、スラ、ナラ　asura-sura-nara. 阿修羅、神、人間、の意である。
(95)カーシミーラ　Kāśmīra. 現在のカシミーラと同じ。

**タマサーヴァナ**　Tamasāvana. 玄奘の『大唐西域記』至那僕底国の条に、この国の首都の東南五百余里（約二百五十キロメートル）に答秣蘇伐那（闇林）僧伽藍があると記されている。至那僕底国はパキスタンの、ビアス、サトレジ両河の合流点の南方にあったと考えられている。

**マハーヴァナ**　Mahāvana. 大林精舎と訳す。中インド、ヴァイシャーリー国にあった。

**レーヴァタの川**　Revataka raya. 不詳。伝は「離越」と音訳している。辞書にRaivataは山の名と記されている。この山の川だろうか。

**アナヴァタプタ**　Anavatapta. 無熱悩池と訳す。雪山の北にあるという。いまチベット領のマナサロワル湖（チベット名「マパム」）のことらしい。

**シャイリーシャカの宮殿**　Śairiṣaka vimāna. 三十三天にある尸利沙園のことか。ここで仏弟子の憍梵波提（gavāṃpati）が禅を修めた。（望月仏教大辞典「キョウボンハダイ」の項参照。）

(96)**香酔山**　gandhamādana. 前出「無熱悩池」の北にある。たぶん、カイラーサ山（チベット名「ティセ」）のこと。

**六神通**　ṣaḍ-abhijñāḥ. 修行の力によって獲得される六種の超自然的能力。天眼通、天耳通、宿命通、他心知通、神足通、漏尽通の六つ。

**ピンドーラ・バラドゥヴァージャ**　Piṇḍola-bharadvāja. 他の文献ではbharaのところがbhāraとなっているものが多い。伝は「賓頭盧跋羅豆婆闍」とし、経は「姓頗羅堕、名賓頭盧」としている。仏弟子の一人。十六羅漢の筆頭にあげられる。わが国、民間では「びんずる様」として知られ、病人はその像に対し、自分の患部と同じ場所をなでると快癒するという信仰がある。

(97)**カダンバ樹の花**　kadamba-puṣpa. カダンバの花は毛羽《けば》だったボールのような形をしている。

(98)**辟支仏**　pratyeka-buddha. 前出「縁覚」に同じ。一八三ページ、「縁覚」の注参照。

(99)**梵音**　brāhmasvara. 天上の声のように勝れた声。三十二相の一つ。

**独住**　araṇāvihārin. 清浄な生活を守るため静

かなところに住むこと。（私訳）

(100)**仏の荘厳**　buddhāvataṃsaka. この語は「仏華厳」とも訳される。

(101)**サーンカーシヤ**　Sāṃkāśya. 生母に説法を終えたシャカが天から降りてきた場所として有名。マトラーとカナウジの途中にある。ここからアショーカ法勅が発見された。

**ウトパラヴァルナー**　Utpalavarṇā. 蓮華色と訳す。比丘尼の一人。はじめ結婚したが、夫が自分の母と通じたのを知って、母子一夫を同じくするを不倫となし、幼い娘を残して家出し、他処で再婚した。やがて、この新しい夫が遠国へ行って、一人の若い娘を自分のものとして連れてきた。しばらくするうちに、この娘が彼女の子であることがわかった。ふたたび母子一夫を同じくする運命に衝撃をうけ、出家した。

『法顕伝』や『大唐西域記』によると、シャカが地上へ戻ってくるとき、その姿を彼女は一番に拝もうと思った。しかし、女性の身では群集の前へでることはできない。そこで転輪聖王の姿に身をかえた。

**アナータピンダダ**　Anāthapiṇḍada. 給孤独（長者）と訳す。世尊に祇園精舎を布施した。

**プンドラヴァルダナ**　Puṇḍravardhana. 次の注を参照。

**そのとき世尊は……**　三摩竭経によると、仏教信者である三摩竭（スマーガダー）は嫁入りさきの地に仏と仏の弟子を招いた。そのとき、ピンドーラ・バラドゥヴァージャは山上に坐して衣を縫っていたが、自分もそこへ行こうと思い、針を地にさして空中へとびあがった。ところが、針の糸が衣につながっていたため、山がくっついて飛んできた。ある妊婦がそれをみて、びっくりして、流産した。仏はピンドゥーラ・バラドゥヴァージャを叱って、自分と行動をともにすることを許さず、この世にとどまって、弥勒があらわれてから涅槃せよ、と命じた。

三摩竭の嫁入りさきが、三摩竭経によると「富楼那跋陀那国」となっている。これらの国名は「難国」、雑阿含経（第二十三）によると

『ディヴィヤ・アヴァダーナ』のプンドラヴァルダナ Puṇḍravardhana（玄奘の「奔那伐弾那」）ないしその訛音の訳語らしい。Puṇḍra の意味ははっきりしないが、pūrṇa（満ちた）と解釈されて、意訳語として「満富城」（伝）がある。ベンガル地方にあったらしい。

(103)**無熱池**　sara-rāja. 原語は「池の王」を意味するが、無熱（悩）池のことである。一九二ページ、「アナヴァタプタ」の注参照。

(104)**仏に対する回想**　buddha-smṛti. 伝「念仏の心」、経「念仏」。ちなみに普通に「念仏」といわれているものの原語は buddha-anusmṛti である。

**五年大会**　pañcavārṣika. 五年に一ぺん開く大会の意。本書にみられるとおり、僧や貧窮者に大規模な布施をおこなう。

**三千**　テクストに「千」としかないのを、伝、経によって「三千」に訂正した。

(105)**上座よ……**　この文は上座に向けられたものではないらしい。以下、文脈がはっきりしない。一応、整理して、このように訳した。

**四千**　テクストに「五千」とあるのを、漢訳にしたがって、「四千」に訂正した。

(107)**和敬の法**　samrañjaniyam dharmam. 訳語は伝のものを借用した。

(108)**三衣**　tricīvara. 比丘の所有する三種の衣。大衣（正装用）、上衣（礼拝、聴講用）、中衣（日常着）。

**四十万金**　テクストには「金」でなく「衣」（ācchādana）とある。いま、伝によって訂正。

**〔八　クナーラ王子の悲劇〕**

(109)**クナーラ王子の悲劇**　伝と経はこの物語を「ヴィータショーカの出家」のうしろにおく。

(115)**離れがたきを**　原語 yogyam. この訳には自信がない。

(121)**リシ**　ṛṣi. 聖仙。

(122)**チャンダーラ**　caṇḍāla. 旃陀羅と音訳する。アウトカーストに属する賤民。卑しい仕事に従事する。

(124)**グル**　guru. 師。ここでは鶏園寺の比丘をさす。

(126)**預流の成果**　srotāpattiphala. 預流とは修行の段階を四つに分けて、預流、一来、不還、阿羅漢とするうちの最初のもの。預流は「解脱の流れに預ったもの」の意である。各段階を二つに分けて、修行中の状態（向）と目的を達成した状態（果）とにする。

(129)**明方ちかく**　rātryāḥ pratyūṣasamaye. 伝「天明」、経「後夜」。

(130)**十二の依処**　āyatanāni. テクストには「十二」の文字はない。経によって補ったもの。十二処または十二入という。眼耳鼻舌身意の六感官と、それに対応する六種の対境、色声香味触法。

(133)**日種**　āditya-bāndhava. インドの重だった家系はみな日種（sūrya-vaṃsa）か月種（candra-vaṃsa）のいずれかに自分の先祖を結びつける。日種はイクシュヴァーク王から始まるとされ、シャカ族もこの流れを汲むという。

(138)**悲痛**　śoka. 次の詩のなかの「嘆き」の原語もśoka. これらはアショーカ（a-śoka）の名にかけた言葉のあそびである。詩一四四（一三四ページ）も参照。

(140)**この詩と次の一文、両眼が出現した、まで**　伝、経、ともに、欠く。

(141)**樹脂製の小屋**　jatu-gṛha. jatu はラック。『マハーバーラタ』でも、ラックの家で五王子を焼殺する陰謀のはなしがある。

**雷雨にあったので……。鹿が逃げこんできていた**　以上は伝と経による。テクスト中の一行弱は文意不明瞭。

**逃げられないように……**　この一文は伝および経による補。

(142)**クラクチャンダ**　Krakucchanda. 拘楼孫仏。過去七仏の第四。

**シュバ王**　テクストにアショーカとあるのを、伝、経によって訂正。

**そこで、かれは以前にもまして……**　この文、経による補。

### 〔九　ヴィータショーカの出家〕

(144)**外道**　tīrthya. 仏教徒から見た異端者。非仏教徒。

(146)**ヴィンディヤ**　Vindhya. ガンジス平原とデカン高原のあいだに東西に走る巨大な山脈。

(151)**蘊、処、境**　蘊 skandha. 処 āyatana. 境 viṣaya.

(153)**僧伽**　saṃgha. 仏教僧の集団。単に僧ともいう。

(154)**あんな方便を使ってみせたのだ**　キリスト教の聖者伝説「バルラームとヨサファットの物語」に、兄王が弟王を類似の方法で正道に導く話がある。キリスト教のこの物語はブッダ伝の翻案といわれているが、その中にアショーカ伝も利用されていると思われる。

**神通力で**　経による補。

**具足戒**　upasampadā. 正式の比丘がうける戒律。

(156)**不可触賤民**　vaivarṇika. 原語の意味は「アウトカースト」。

**糞掃衣**　paṃśukūla prāvaraṇa. 糞塵中にすてられたぼろきれを綴って作った衣。

(157)**ぶらんこ**　dolā. ここの比喩は必ずしも明晰ではない。

(158)**ヴィデーハ**　Videha. マガダの北にあった国。その首都はヴァイシャーリー。

**王とのむかしの約束……**　伝、経による補。

**足もとに……合掌し**　伝、経による補。

(159)**粗末な**　lūha. この訳語は伝、経を参照して推量したもの。この語はあとでもう一度でてくる。すなわち「着物はぼろぼろで」（一六四ページ）。

(160)**その首都**　magadhapura を訳した。

(163)**かさぶた**　khusta. この訳語は経を参照して推量したもの。

(164)**プンドラヴァルダナ**　Puṇḍravardhana. 一九三ページ、「プンドラヴァルダナ」の注参照。

**ニルグランタ**　nirgrantha. ニガンタ（nigaṇṭha）、尼乾子ともいう。ジャイナ教の始祖の名であり、同時にその信奉者の呼び名でもある。

**アージーヴィカ**　Ājīvika. 新宗教者の一派。漢訳仏典では「邪命外道」と訳される。歴史的にジャイナ教と密接な関係があるが、一応、別派である。しかし、ここでは同一視されているようである。

**ディーナーラ**　dīnāra. 銀貨。ラテン語 dēnārius から派生した語。西暦一、二世紀を中心にローマとインドとの貿易はさかんに行なわれた。この語の存在によって、『ディヴィヤ・アヴァダーナ』の成立時期を推測することができる。

(166)**あるとき、……**　この文のまえに「詳細を説くべし」(vistaraḥ) の語がある。一八六ページ、「ここに詳しい描写を挿入すべし」の注参照。

**カーシャパ**　Kāśyapa. 迦葉仏。過去七仏の第六。

**〔十　半アーマラカ果の布施〕**

(168)**アショーカ王は……**　テクスト中にある ardhāmalakadānena の一語を省いて訳した。伝、経にも、この語はない。

**コーティ**　koṭi. 数の単位。千万。「百コーティ」を伝は「百億」と訳し、経は「百千万」と訳す。

**括弧の中の文**　伝、経による補。

(170)**アーマラカ果**　āmalaka. 果実の名。学名 Emblica myrobalan. 手の中に入るような小さな果実であるが、ゆずのように酸っぱい。煮物の味つけに使われる。やや扁平な球形で、たてに何本も縞がある。ヒンドゥー寺院のシカラ（高塔）の頂上にあるものをアーマラカというが、まさにあの形である。『大唐西域記』巻八（水谷真成訳『大唐西域記』〔中国古典文学大系第二十二巻〕平凡社、二四九ページ）には、アショーカの半アーマラカ果の布施を記念して、鶏園寺に阿摩落迦なる塔が建てられていたことが記されている。この塔の上にいわゆるアーマラカがあったかどうかはわからない。いったい、アショーカの故事によって、塔の上にアーマラカがのせられるようになったのか、塔の上のアーマラカの存在によって、アショーカの故事が作られたのか、あるいは両者はまったく無関係なのか、興味ひかれる問題である。なお、アーマラカ（āmalaka）とアームラ（āmra, マンゴー）はしばしば混同されるので要注意。

(171)この詩の初め五行はテクストでは散文だが、漢訳を参考にして、韻文で訳出した。
(172)むかし勅令……絶えてなし　この二行はテクストでは意味不明瞭なので、漢訳によって推測した。
(173)友よ　bhadramukha.　経はこの語を家来の名と解釈し、「跋陀羅目阿、翻賢面」と訳している。
自性　svabhāva.　本性。王権というものは本来、無なるものであるとの意。
(176)マンダラ　mandara.　山の名。ヒンドゥー神話によると神々がこの山を攪拌棒にして海を攪拌したという。
(178)王よ、名を残すには……　この「　」のなかの一部は伝、経による補。
(179)王は鶏園寺の比丘たちを……。……塔のほうを選んだ　伝、経を参照して訳した。
シャーカラ　Śākala.　現在のパキスタンのシアールコット。
この国にダルマラージカーという寺があり……持っていくようにいった。　この文章は伝（一部、経）のもの。テクストには半行ほど意味不明瞭な文がある。「ダルマラージカーにおいて、阿羅漢の神通力により、頭を与えはじめた」（?）。タクシラに現在ダルマラージカー（「法の王の」の意味）と呼び伝えられる塔址がある（四七頁の図版参照）。「法の王」がこの場合、ブッダを指すのか、アショーカを指すのか不明である。
滅尽定に入って　nirodhaṃ samāpannaḥ.　心の活動を完全に停止した最高度の禅定に入ること。仏や限られた阿羅漢にのみ可能。
コーシュタカ　Koṣṭhaka.　不詳。ただし、プシルスキイが論じている。*La Légende*.....p. 306 p. 307.
ダンシュトラーニヴァーシン　Daṃṣṭrānivāsin.　伝、経は固有名詞とせず、「守護仏牙」夜叉（仏の歯を守護する夜叉）とする。
強い夜叉がついていた　ここに pramāṇe yūyaṃ. という言葉があるが、意味不明。
(180)ムニハタ　munihata.　ビュルヌフは「プシュヤミトラ王に「寂黙行者を殺した人」というあだ

ながついた」と訳している。伝は「この場所に深蔵という名がついた」とし、経は「ゆえに、この山は修尼喜多と名づけられた」とする。プシルスキイは「深蔵」や「修尼喜多」の原語として sunihita を想定する。（*La Légende*……, p. 307）

# 解説

## 一　アショーカ王について

アショーカ王について知るための資料は二種類に分けることができる。A文献資料とB考古学的資料である。

### A　文献資料によって知られるアショーカ王

この資料はほとんど全て仏教のものである。バラモン教やジャイナ教の文献にアショーカ王のことをくわしく述べたものがあるかどうかを不詳にして私は知らない。諸プラーナ文献にアショーカの名が出るが、みなマウリヤ王朝の系譜の第三番目の王として言及するだけである。カシミールの歴史書『ラージャタランギニー』にもアショーカの名が出るが、アショーカの事蹟について知る手がかりをほとんど与えてくれない。

仏教文献によって知られるアショーカの伝記を簡単にのべよう。詳細は本文にゆずる。アショーカ王は前世で仏に土くれを布施したために、その功徳により、この世でマウリヤ王家の息子となって生まれた。かれは肢体が醜かったため、父ビンドゥサーラからは愛されなかったが、大臣の息子ラーダグプタのバックアップをうけて、父王の死に乗じ、異母兄スシーマを破って、王位についた。

はじめ、王は粗暴な性格を示し、かれを敬愛しない大臣たちや女官たちを殺し、「暴逆のアショーカ」の名をえた。さらに「地獄」までもつくって、無辜の庶民を苦しめたが、たまたまこの地獄に迷いこんだ仏教の比丘の奇蹟と導きとによって、悔悛し、仏教信者となった。

アショーカはむかし建てられた八つの仏塔をまわって、舎利を集め、それを八万四千に分けなおして、全土に八万四千の塔をたてた。このときから、かれは「法のアショーカ」と呼ばれるようになった。アショーカ王は鶏園寺の上座ヤシャスから、マトゥラーの上座ウパグプタの存在を教えられ、かれを案内者として、仏の聖地と仏弟子の塔とを巡礼した。アショーカ王は仏の聖地のうち、とくに菩提の地を敬愛した。「菩提」を女性の名と誤解したティシュヤラクシター妃に菩提樹を枯死させられそうになったが、あやういところで蘇生させることができた。王は菩提樹に最高の灌水式をおこない、五年大会を催した。

アショーカ王の治世中、王の息子クナーラが継母ティシュヤラクシターの邪恋をしりぞけ、彼女の陰謀で、タクシャシラーで目を失う結果になるという事件がおこった。また、アショーカの弟ヴィータショーカが王によって外道への信仰から仏教への信仰にみちびかれるという事件もおこった。

やがて晩年をむかえた王は病気がちになり、孫の皇太子やそのとりまきに妨げられて、仏寺への布施も思うにまかせなくなった。最後に半アーマラカ果の布施をして、王は死んだ。

アショーカはマウリヤ王家に生をうけた。いま、仏教文献によって、マウリヤ王家の系譜をみてみよう。『ディヴィヤ・アヴァダーナ』（本文二三、二五、一一一、一七〇、一七八の諸ページ参照）によると、次のとおりである。

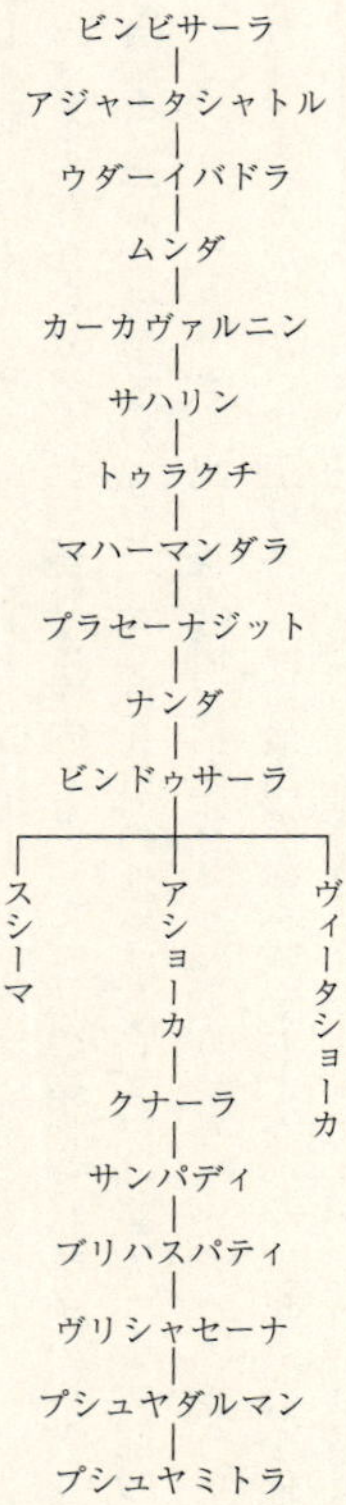


漢訳経典『阿育王伝』のなかの系譜はほとんどこれに一致する。下から三番目のヴリシャセーナに相当するものが脱落しているのが、唯一のはっきりした相違点である。

漢訳経典『阿育王経』の系譜はアショーカ以前の部分において右の二文献とかなり相違する。すなわち次のとおりである。

旃那羅笈多（チャンドラグプタ）
｜
頻頭娑羅（ビンドゥサーラ）
├ 毘多輸柯（ヴィータショーカ）
├ 阿育（アショーカ）
│　｜
│　鳩那羅（クナーラ）
│　｜
│　三波地（サンパディ）
│　｜
│　毘梨訶鉢底（ブリハスパティ）
│　｜
│　毘梨沙斯那（ヴリシャセーナ）
│　｜
│　弗沙跋摩（プシュヤヴァルマン）
│　｜
│　弗沙蜜多羅（プシュヤミトラ）
└ 修私摩（スシーマ）

しかし、実はこの点で、『阿育王経』は諸プラーナと合致するのである。諸プラーナのうち、ヴァーユ・プラーナの一写本の系譜を次にかかげよう。かっこの中の数字は統治年数である。

チャンドラグプタ（24）
｜
ビンドゥサーラ（25）
｜
アショーカ（36）
｜
クナーラ（8）
｜
バンドゥパーリタ（8）
｜
ダショーナ（7）
｜
ダシャラタ（8）
｜
サンプラティ（9）
｜
シャーリシューカ（13）
｜
デーヴァダルマン（7）
｜
シャタンダヌス（8）
｜
ブリハドラタ（7）

（中村元『インド古代史・上』423ページより）

この系譜のなかにはギリシャ・ローマの学者にサンドラコットスとして知られたチャンドラグプタの名もあり、バラーバル丘の窟院におけるアージーヴィカ教徒への寄進銘をのこしたダシャラタの名もみられるから、ずっと史実に近い。もし、プラーナを信ずれば、マウリヤ王朝はその将軍プシュヤミトラによって亡ぼされたのであり、仏教文献がプシュヤミトラをマウリヤ王朝の一員とするのは誤りということになる。

マウリヤ王朝の系譜に関し諸プラーナをみるとはじめ三代については名前も順序も統治年数も一致している。しかも統治年数は比較的ながい（中村元、前掲書、四二三～四二七ページ）。これらの点で、はじめ三代の時代は、その後に続く時代と一線を画する。

なかでもアショーカの統治年数は歴代諸王のなかで最長で、三十六年である。マウリヤ王朝はアショーカ王のときに最盛期をむかえ、それ以後急速に衰退していったと思われる。この事実から、アショーカ王が最も有能な王で、それ以後の王は無能であったと結論するのは早計であろう。むしろ、アショーカ王こそ、マウリヤ王朝の衰退の原因をつくった人物かもしれないのである。

本文にもあるとおり、アショーカ王は晩年にかれの孫の皇太子やそのとりまきの大臣たちから仏寺への布施を妨げられた。阿育王伝は「邪見の悪臣」が皇太子をそそのかしてそうさせたと表現している。しかし、為政者としての現実的な感覚を失ったのはむしろアショーカで、それをチェックしようとした大臣たちこそ正しい判断力をそなえた人物というべきであろう。アショーカは仏教のために百千万金を費した。かれは仏教を世界の多くの人のものとするために、一方では自分の子孫を犠牲にしたのである。

## B　考古学的資料によって知られるアショーカ王

ここに考古学的資料というのはかれの法勅のことである。これはれっきとした文章であるから、広い意味では文献資料といってもよいものだが、それがかれによって石柱や摩崖に刻まれ、ながらく見捨てられていたあとに、近代になって発見されたという点で、考古学的資料と名づけておこう。

アショーカの法勅の存在が現代人に知られるようになったのはイギリスの学者プリンセップがデリーの一角にたついわゆるデリー・トープラー石柱の刻文を一八三七年に解読したのを嚆矢とする。その後、同類の刻文がインド各地から発見され、多くの学者によって研究された。ただし、刻文中ではこれを刻んだ王が自分のことを「神々に愛せられる者」(devānampiya) および「愛すべき姿をもつ者」(piyadassi)〔二つのインド語の形はカールシー碑文による〕と述べるのみである。これがアショーカのことであると初めて解釈したのはダウソンであるという。(望月仏教大辞典「アイクオウノホウチョク」の項参照。)

実際、セイロンの史書『ディーパヴァンサ』ではアショーカとこの「神々に愛せられる者」「愛すべき姿をもつ者」とは同一人物の名として併記されている。また、法勅のなかでも、これらを併記するものが発見された。（グジャッラーとマスキの小摩崖法勅。ただし、マスキのは「愛すべき姿をもつ者」を欠く。）ちなみに、日本の学者は「神々に愛せられる者」を「天愛」と訳し、「愛すべき姿をもつ者」を「喜見」と訳している。

また、西暦五世紀初頭にインドを訪れた中国僧の法顕、七世紀前半にインドを訪れた玄奘が「アショーカ王の石柱」の存在を記録している。法顕の記録しているのは四箇処である。(1)僧伽施《サンカーシャ》国の三道宝階処の石柱。高さ三十肘、上に獅子の像があり、柱内の四辺に仏像があり、内外映徹して浄らかなること瑠璃のごとくであった。(2)拘薩羅国の祇園精舎の二本の石柱。一つには輪、一つには牛の彫刻がのっている。ただし、アショーカがつくったとは記していない。(3)摩竭《マガダ》提国のパータリプトラの仏塔の南にある石柱。高さ三丈余り、銘題あり。(4)パータリプトラの「地獄」処の石柱。高さ三丈余り、上に獅子があり、柱面に銘あり。

玄奘はルンビニー、サールナート等の石柱の存在を記録している。

法勅はそれを刻んだ材料によって二種類に分けられる。(A)摩崖法勅と(B)石柱法勅である。

(A)　**摩崖法勅**　これは交通の要衝に存在する自然石を利用し、その一面をみがいて、その面に文字を刻んだものである。最も代表的なものは十四章法勅と呼ばれるもので、これは十四章というかなりの分量を有するところから、必然的に大石に刻まれる。十四章全部そろったものは、インドでは、(1)ギルナール、(2)カールシー、(3)ダウリ、(4)ジャウガダ、パキスタンでは、(5)シャーバーズガリー、(6)マンセフラーから発見されている。ただし、このうちダウリとジャウガダはのちにのべる理由によって、一部が別の文章に替えられている。

十四章全部はそろっていないが、その一部を刻んだと思われるものは、インドの(7)ソーパーラー、(8)エーラグディ、アフガニスタンの(9)カンダハルなどから発見されている。

さらに、小型の摩崖法勅も存在する。これは小摩崖法勅と呼ばれ、その内容は十四章法勅の内容とは一線を画する。インド各地、とくに南インドから多く発見されている。アフガニスタンのカンダハルからも発見されている。

十四章法勅の第四章には「この法勅は灌頂十二年に刻まれた」と書いてあり、摩崖法勅は次にのべる石柱法勅より先につくられたことがわかる。

(B) **石柱法勅**　これは高さ十数メートル、下部の

アショーカ摩崖法勅
カンダハル、ギリシャ語・ギリシャ文字版

直径一メートルほどの一本石（monolith）に刻まれた法勅である。前記の摩崖法勅がアショーカ王の領土の周辺部に分布しているのに対し、石柱法勅は中心部、すなわちガンジス平原に分布している。石柱はぴかぴかに磨かれている。摩崖法勅より、石柱法勅のほうがその製作に大きな費用と労力を要したであろうことは想像に難くない。

石柱法勅としては、デリー・トープラー、デリー・ミーラト、ラウリヤ・アララージ、ラウリヤ・ナンダンガリー、ラームプールワー、コーサンビー等のそれがある。このうち、後の五つは六章からなり、最初の一つだけはこの六章のほかにもう一章をもっている。共通の六章は灌頂二十六年に刻まれた。追加の一章は灌頂二十七年に刻まれた。

このほかに、小石柱法勅と称するものがある。このうち、コーサンビー、サンチー、サールナートのそれは共通の内容をもっている。ルンミンデーイのは仏の生誕地を顕彰したものである。

ほかに、インドのニガーリー・サーガル、パキスタンのタクシラ、アフガニスタンのランパカのもこれに含められている。

以上(A)(B)のほかに、洞院刻文と称せられるものがあるが、これは法勅というより、寄進銘ともいうべき性格のものである。

さて、これらの法勅によって知られるアショーカ像はいかなるものであるか。その詳細については、すでに立派な研究が多いので、それにゆずるとして、ここでは簡単に要点をならべることにしよう。

さきにアショーカの法勅をそれが刻まれた材料から二種類に分けたが、ここでは内容から二種類に分けてみよう。(A)公共的な性格をもつものと、(B)私的な性格をもつものとである。前者にはアショーカと仏教の強い結びつきを示すものはあまりない。しかし、後者においては、アショーカが仏教に特別な関心をもったことが事実であったことが確かめられる。

(A)　公共的な性格をもつもの

これには摩崖の十四章法勅と石柱の六（ないし七）法勅がある。十四章法勅の内容は次のようである。

〈第一章〉不殺生を説く。宴会はスープ（刻文ではsupa）のために多くの動物を殺すこ

アショーカ石柱
ラウリヤ・ナンダンガリー

とになるから、やらないほうがよい。

〈第二章〉公共福祉をはかる。王は王の領土の内外に、人のための病院、動物のための病院をもうけ、薬草、果樹をうえ、路傍に井戸をほり、樹木をうえた。

〈第三章〉五年巡察。役人を五年ごとに地方巡察に派遣する。法の教誡と他の事務のためである。法の教誡とは「父母への従順、知人、親族、婆羅門、沙門への布施、動物の不殺生、倹約」である。

〈第四章〉王の宣伝の成果。王の努力により、民衆に法の精神が普及した。

アショーカ王の法勅の内容は右の四章でほぼつくされている。この四章は内容的に整理されている。第五章以下の法勅は内容的にこれとダブるところが多い。はじめ四章は「灌頂十二年に書かれた」とあり、第五章には灌頂十三年のできごとが記されているから、第五章以下が灌頂十三年以後に書かれたことがわかる。(刻まれたのは同時?)第五章以下は必要なものだけ、とりあげよう。

〈第八章〉「灌頂十年に三菩提を訪れた。これによって法の巡礼が始まった」とある。「三菩提」は仏の成道の地ボドガヤと考えられている。十四章法勅では、これがアショーカと仏教の結びつきを示す唯一の箇所である。

〈第十二章〉「他の宗派を非難することのないよう」すすめている。

〈第十三章〉王が灌頂八年にカリンガ征服をおこなって、カリンガの人民を「十五万人移送し、十万人を殺害し、何倍かの人を死なしめた」ことを記し、この悲惨な戦争に対する反省から、王が法に近づくようになったことを記している。アショーカはこれ以後、「法による征服」(dhammavijaya) をめざした。かれによる法の宣伝の結果、法は国内の異邦人や、国外のギリシャ人 (yona) の王のあいだにも行われるようになった。〈第十四章〉一種の結語である。十四章法勅のあるものは場所によって書き変えられていること、書記官の不注意のために書き誤りがありうることを記している。

以上、十四章を概観したが、ダウリとジャウガダでは第十二章と第十三章が他の文章におきかえられている。その理由は、この二つの土地が悲惨な戦争がおこなわれたカリンガ内の土地で、第十三章は当の戦争にふれ、カリンガ国民の敵愾心を喚起するおそれがあるからである。

石柱法勅の内容も右の十四章法勅とほぼ同じで、人に対して慈しみの気持をもつこと、動物に対して不殺生をまもることが善であると説かれている。この法勅においても、アショーカの心がとくに仏教に傾斜したことを示すものはなく、それどころか、デリー・トープラー石柱の第七章では、アショーカは多くの宗教に対して平等の態度を示している。当該箇所を引用しよう。

　また、これら私の法大官は、出家と在家に利益を与える種々の事に従事する。また、すべての宗派に関しても従事する。僧伽の事に関しても、これらは従事するように、と私によって命じられた。同様にして、婆羅門やアージーヴィカに関してもまた、これらは従事するように、と私によって命じられた。ニガンタに関してもまた、これらは従事するように、と私によって命じられた。種々の宗派に関してもまた、これらは従事するように、と私によって命じられた。（塚本啓祥『アショーカ王碑文』一三三ページ）

(B)　私的性格をもつ法勅

ブラフマギリ、シッダープラ等の小摩崖法勅には、アショーカが熱心な仏教徒であったことを示す次のような文章がある。

二年半有余のあいだ、私は優婆塞《うばそく》であったが、一年のあいだは、熱心に精勤することはなかった。しかし、〔次の〕一年有余のあいだ、私は僧伽に趣いて、熱心に精勤した。（塚本、前掲書、一一五ページ）

また、アフラウラーの小摩崖法勅には、次のようにある。

この教勅は、二百五十六日を旅行で過した〔私に〕よって〔発布された〕。そのあいだに、仏陀の舎利が私に得られた。（同右、一一八ページ）

これはアショーカが八塔をめぐって舎利を集めたという『ディヴィヤ・アヴァダーナ』の記事に対応する。それにしても国王が二百五十六日も旅行にすごすということは異常なことではないだろうか。

ルンミンデーイの小石柱法勅には次のようにある。

天愛喜見王は、灌頂二十年に、自らここに来て崇敬した。ここで仏陀釈迦牟尼が生誕されたからである。それで石柵を設営せしめ、石柱を建立せしめた。〔これは〕ここで世尊が生誕されたことを〔記念するためである〕。ルンビニー村は租税を免ぜられ、また、〔生産の〕八分の一のみを支払うものとせられる。（同右、一三九ページ）

アショーカ王の知っている仏教はいわゆる小乗仏教であったことがカルカッタ・バイラート小摩崖法勅によってわかる。

マガダの喜見王は、僧伽に敬礼して、病なく安穏にわたらせられるかを問う。諸の大徳よ、諸師は仏・法・僧に対する私の尊敬と信仰が如何に〔大きいか〕を知っている。諸の大徳よ、世尊・仏陀によって説かれたことは、すべて善説されている。しかし、諸の大徳よ、私は「かようにして正法は永続するであろう」と考えて、次のことを敢えて宣する。諸の大徳よ、これらの法門は、

ヴィナヤにおける最勝の教え

聖なる系譜（または聖住）

未来の怖畏

聖者の偈

寂黙行の経

ウパティッサの問

妄語に関して、世尊・仏陀によって説かれたラーフラに対する教誡

である。

諸の大徳よ、私は、多くの比丘衆と比丘尼らが、これらの法門を聴聞して思念するようにと、願う。優婆塞や優婆夷《うばい》もまたかように〔なすことを願う〕。

諸の大徳よ、私はこのために、〔すなわち〕私の所願を知らしめるために、これを銘刻せしめる。（同右、一二一〜一二三ページ）

ここにあげられた七つの「法門」については、多くの学者によって比定が試みられている。なかでも、「聖者の偈」「寂黙行の経」「ウパティッサの問」は原始聖典『スッタニパータ』中の経に比定されることが多いので、いま同聖典の当該箇所の一部を引用してみよう。

◇「聖者の偈」に比定されているもの

スッタニパータ、第一〈蛇の章〉、一二〈聖者〉

親しみから恐れが生じ、家の生活から汚れた塵が生ずる。親しみもなく家の生活もないならば、これが実に聖者のさとりである。（二〇七偈）

◇「寂黙行の経」に比定されているもの

スッタニパータ、第三〈大いなる章〉、一一〈ナーラカ〉
　心が沈んでしまってはいけない。またやたらに多くのことを考えてはいけない。腥い臭気なく、こだわることなく、清らかな行いを究極のよりどころとせよ。（七一七偈）

◇「ウパティッサの問」に比定されているもの
スッタニパータ、第四〈八つの詩句の章〉、一六〈サーリプッタ〉
　怒りと高慢とに支配されるな。それらの根を掘りつくしておれ。また快いものも不快なものも、両者にうち克つべきである。（九六八偈）

（以上、中村元『ブッダのことば——スッタニパータ』より。）

アショーカ王時代に仏教の僧団は分裂のきざしをみせていたことがコーサンビー、サンチー、サールナートの小石柱法勅によってわかる。
　……比丘あるいは比丘尼にして僧伽を破《わか》つものは、白衣を着せしめて、住処（精舎）でない所に住せしめなければならない。（塚本、前掲書、一三七ページ）
和の精神をとくアショーカの立場からは、僧伽の分裂をいましめるのは当然と思われるが、現代インドの歴史家ロミラ・ターパル女史はこれに意表をつくコメントをつけている。すなわちこの文章はアショーカの不寛容さを示すものだ、と。（ターパル『インド史、1』七七ページ）

アショーカがシャカ仏にだけでなく過去仏にも供養をおこなったことがニガーリー・サーガル法勅から知られる。すなわち、この法勅のなかで、王が灌頂十四年に拘那含牟尼仏の塔を増築したことがのべられている。（塚本、前掲書、一三九ページ）

以上、アショーカ法勅の内容をかいつまんで紹介したが、法勅はアショーカ時代のアショーカ王の思想が結晶したまま今日に伝えられたもので、歴史資料としては第一級である。それは改ざんに改ざんを加えられて今日にいたっている文献資料の比ではない。十四章法勅のうちの第十三章にある「移送者、十五万、死者十万」という数字を除けば、法勅の記事に非現実的なものは一つもない。（この数字とて、決してありえないことではない。）

十四章法勅からは王の領土の範囲とその周辺の国々、王の治世の絶対年代を知ることができる。

すなわち、第二章にかれの領土外の土地として、チョーダ、パンディヤ、サティヤプッタ、ケーララプッタ、タンバパンニー、アンティヨーカと名づくるヨーナ王のような隣邦人、アンティヨーカに隣接する他の諸王の領土があげられている。

第五章ではかれの法大官が仕事に従事する場所としてヨーナ、カンボージャ、ガンダーラ、ラッティカ、ピティニカ、他の西方の隣邦人、があげられている。

第十三章では、かれが法の征服（恐らく使者の派遣）をおこなった場所として、〈領土外〉アンティヨーカと名づくるヨーナ王、アンティヨーカを越えてトゥラマヤ、

アンティキニ、マガー、アリカスダラとなづくる四王、南方のチョーダ、パンディヤ、タンバパンニー

〈領土内〉ヨーナカ、カンボージャ、ナーバカ、ナーバパンティ、ボージャ、ピティニカ、アンドラ、パーリンダ

があげられている。これらを総合するとアショーカ王の帝国とその周辺の地図は二四〇ページのようになるであろう。

次にアショーカ王の絶対年代については、右のヨーナ人（ギリシャ人）の五人の王の名が手がかりになる。アショーカはこれら五人の王に同時に使者を送ったにちがいないから使者派遣の年代は五人の王が同時に王位にあったときでなければならない。五人の王の統治年代はギリシャ・ラテンの文献によってかなり正確に知られている。

アンティヨーカ（シリア王 Antiochos II）二六一―二四六（BC　以下同様）
トゥラマヤ（エジプト王 Ptolemaios II）二八五―二四六
アンティキニ（マケドニア王 Antigonos II）二七六―二三九
マガー（キュレネ王 Magas）二七四―二五三
アリカスダラ（エペイロス王 Alexandros II）二七二―二四〇
　あるいは（コリントス王 Alexandros）二九〇―二四五

この表から五王が共通に王位にあった時期として二六一―二五三が得られる。使者派遣

の年代はこの九年の間にしぼられるわけである。当時は通信手段が未熟であったから、五人の王の即位や崩御の報せがアショーカに伝わるのに時間を要したかもしれず、そうとすればこの年代には一、二年の誤差も生じえようが、しかし、インドの古代史にとって、ある出来ごとの絶対年代が十年ほどの間隔のあいだに収まるということは滅多にないことである。

一方、アショーカの諸事蹟については法勅に記された「灌頂〇〇年」の記事によってその相対年代がえられている。すなわち次のとおり。

灌頂　一年　アショーカの正式な即位
八年　カリンガ征服
一〇年　法の巡礼の開始
一二年　官吏の五年巡察開始。摩崖法勅第四章の銘刻
一三年　法大官設置。使者派遣
一四年　拘那含牟尼仏塔の修築
一九年　アージーヴィカへ窟院寄進
二〇年　ルンビニー参拝
二六年　石柱法勅銘刻
二七年　デリー・トープラー石柱法勅第七章銘刻

この相対年代をさきにえられた絶対年代にむすびつければ、アショーカのもろもろの事蹟の絶対年代が――十年の誤差を含みながら――えられることになる。プラーナによればアショーカは三十六年王位にあったことになるから、その死の絶対年代もえられることになる。こうしてえられる表については、たとえば塚本『アショーカ王碑文』の巻末をみていただきたい。そこではアショーカの在位年代は二六八―二三二となっている。

## 二　時代背景について

アショーカの出生年代はブッダが般涅槃に入って百年後（北伝仏教の説）ないし二百年後（南伝仏教の説）であった。このころは伝統的なバラモン教のほかに新しい宗教がいくつも発生していた。仏教、ジャイナ教、アージーヴィカ教などはその主なものである。新しい宗教は、古いバラモン教が儀式や呪術をこととする、いわば心の外の宗教であったのに対し、みな自己の心ととりくみ、自己の解脱をもとめて実践に励む個人的宗教であった。

アショーカの属するマウリヤ王朝は概してこの新しい宗教に好意を示した。第一代のチャンドラグプタはジャイナ教徒として死んだと伝えられ、アショーカは仏教を信仰し、アショーカおよびその孫ダシャラタはアージーヴィカ派に窟院を寄進した。アショーカが仏教にひかれた理由は、法勅によってみるかぎり、その不殺生の精神によるらしい。実際、新しい宗教はすべて不殺生主義をかかげ、従来のバラモン教の血なまぐさい犠牲式に批判的態度をとったのである。しかし、それにもかかわらずアショーカがバラモン教を弾圧したのでないことは、法勅に、供養すべき人として沙門（新しい宗教者）と並べて婆羅門の名をあげていることによってもわかる。

新しい諸宗教同士のなかには相違点もあった。それだからこそ、これらの宗教はいくつかの宗派として、互いに並びたって存続したのであろう。相違点の一つは『ディヴィヤ・アヴァダーナ』によってうかがわれる。外道が苦行に専念したのに対し、仏教は苦行の意義を否定した。シャカははじめ苦行を実践した。皮と骨になるまでにやせほそったかれの姿はパキスタン・ラホール博物館所蔵の「シャカ苦行像」に示されている。しかし、シャカは六年後、苦行は解脱にみちびかないとの結論に達し、苦行をすて、たちあがり、村の娘スジャーター（『ディヴィヤ・アヴァダーナ』ではナンダーとナンダバラー）から乳粥の布施をうけて、力をつけた。そののち菩提樹下に坐を占め、瞑想して、悟りをひらいたのである。

シャカが苦行しているとき、シャカの父シュッドーダナから五人の比丘が派遣され、シャカを遠くから見守り、保護していた。かれらはシャカが苦行を放棄したとき、かれを軽蔑し、かれを見捨てて、立ち去った。外道たちはシャカが苦行をすてたことをもって、シャカを快楽主義者のように宣伝するチャンスをえたであろう。しかし、シャカが快楽主義者でないことはその実践ぶりをみればわかる。かれは身体をいためつけることに何らの意義をも見出さなかった。かれにとって、身体をいためつけることと身を持することとは別のことなのである。

仏教の信徒には四衆といって出家の男性（比丘）、女性（比丘尼）、在家の男性（優婆塞）、女性（優婆夷）の四つがあった。しかし、原始経典をみてもわかるように、出家の生活のほうが在家の生活より格段とすぐれているとされており、仏教も出家中心主義にならざるをえなかった。仏教と在家者をつなぐ道は毎日の乞食、在家者の出家者への寄進、布薩日における後者の前者への説法などであった。

仏教の歴史において、仏塔崇拝は重要な契機を提供するものである。これは大乗仏教発生の契機の一つになったかもしれないものである。しかし、アショーカのときまでは仏塔はガンジス平原の限られた地域に八つしかなかった。アショーカ王はそれを一挙に八万四千にふやしたのである。これは仏教と庶民をつなぐよきパイプであり、ブッダの神格化をうながす力になった。

アショーカ自身は小乗仏教しか知らなかったようであるが、『ディヴィヤ・アヴァダーナ』にはすでにかれが大乗的な発想をもっていたことが読みとられる。すなわち、かれは仏弟子のなかで婆駒羅（ヴァクラ）を低く評価し、阿難（アーナンダ）を高く評価した（本文八六ページ参照）。その理由は前者が自己の悟りのみで満足していたのに対し、後者がブッダの福音を多くの大衆にもたらす役割をはたしたことにある。このことはすでにプシルスキイも指摘している。(*La Légende*…, p. 259, Note (2)) そして、アショーカ伝そのものが原始聖典のもたぬ一種の熱気をおびており、大乗仏教発生のるつぼはまさにここにありやとの感をいだかせる。

『ディヴィヤ・アヴァダーナ』では塔のことをストゥーパ(stūpa)あるいはダルマラージカー(dharmarājikā)と呼んでいる。「ダルマラージカー」は「法王の」という意味であり、法の王である仏の塔を意味しているであろう。今日、タクシラの或る塔はダルマラージカーと呼ばれている。そこから出土した銀製の巻き物の奉献銘に、塔の名としてこの名が記されているからである。この塔はアショーカのたてた塔にはじまると考えられる。(後代の増補修復がある。)これがダルマラージカーと呼ばれている理由としては、この塔が仏の塔であることのほかに、アショーカのたてた塔であることが考えられるかもしれない。本書一〇二ページでみられるように、アショーカも「法の王」(ダルマラージャ)と呼ばれることがあるからである。

ビュルヌフはダルマラージカーを法勅(edit)と訳している。しかし、これは塔をさすことに間違いない。総じて、仏教経典には法勅への言及はないようである。

今日、八万四千の塔のどれぐらいが残っているであろうか。アショーカ時代の塔の形式は鉢を伏せた形であった。そのような形式の塔はバールフトの塔(もはや現地にはなく、その遺構がカルカッタ博物館に移されている）、サンチー、アマラーヴァティー、ソーパーラ（ボンベイの北方）の遺趾、タクシラのダルマラージカー塔などである。それらの塔は本書にみられるごとく、白雲のように白かったことがわかる。塔の形式はのちにはたて長になった。とくにパキスタン以遠では基壇の平面図は正方形になった。中国・日本に伝わった塔の形式はこの流れをくんでいる。

マウリヤ朝の時代背景としてバラモン文化は第一にとりあげねばならぬものであるが、それは他の専門書にゆずり、ここではヘレニズム文化に言及しよう。

西紀前四世紀後半にギリシャのアレクサンドロス大王がペルシャ征服をおこなってヘレニズム時代がはじまった。アレクサンドロス大王は三二七年には、当時ペルシャ領の一部であった西北インドに攻めいったが、ある伝説によるとそのときチャンドラグプタは青年として大王にまみえたという。大王なきあと、インドにはかれによりマウリヤ王朝がたてられ、その西のシリア、イラク、イラン地方には大王の遺将セレウコスによりギリシャ人の王朝が成立した。

両王朝は国境を接し、一時は戦いを交えたが、やがて平和条約を結び、セレウコス朝側からは相手がたに領土と王女がおくられ、マウリヤ王朝側からは象五百頭がおくられ、互いに大使が交換された。ギリシャ側からマウリヤ朝に派遣された大使はメガステネースといいパータリプトラに駐在した。かれはのちに故国へ帰って、『インド見聞記』を著わした。

マウリヤ王朝の第二代はビンドゥサーラである。このころセレウコス朝からはデイマコスという大使がインドに派遣され、エジプトのプトレマイオス王朝からはディオニュシオスという大使が派遣されている。ビンドゥサーラはセレウコス朝にぶどう酒と乾いちじくと哲学者を一人送ってほしいと申し出たといわれる。アショーカがセレウコス朝はじめ多くのギリシャ系諸王朝のもとに使者を派遣したことは法勅によってすでにみたとおりである。このようにマウリヤ王朝はヘレニズム文化と深い関わりをもち、あるいは関心を示している。

インドに影響を与えたのはヘレニズム文化だけではない。ヘレニズム文化のまえにペルシャ文化があった。パータリプトラでマウリヤ王朝の宮殿址が発掘されたが、その一部にペルセポリス宮殿のアパダーナのプランに似たものがあるという。また、アショーカの法勅はダリウス大王の摩崖碑文のアイディアをとりいれたものであり、石柱の上の動物の彫刻はペルセポリスの宮殿の柱のそれを模倣し、パキスタンで法勅に用いられたカローシュティー文字はペルシャ帝国で使用したアラム文字から派生したといわれる。(インド内部ではブラーフミー文字が使用された。)

ヘレニズム文化の影響の具体的な表れをアショーカ時代の文化に見出すのは難しい。バールフトやサンチーの欄楯に施された彫刻には西方美術に由来するモティーフがいくつもみられるが、これらはアショーカの死後につくられたものらしい。

『ディヴィヤ・アヴァダーナ』にはギリシャ的要素を二つほど指摘することができる。一つはクナーラ王子物語で、これはエウリピデス作のギリシャ悲劇『ヒッポリュトス』のプロットを真似した可能性がある。この悲劇は青年ヒッポリュトスが継母のファイドラーの恋をしりぞけて、彼女の復讐をうけるはなしである。また、『ディヴィヤ・アヴァダーナ』のなかにでてくる機械仕掛けの象（yantramayo hastī）はトロイの木馬のアイディアをうけた可能性がある。ただし、『ディヴィヤ・アヴァダーナ』のつくられたのはアショーカ以後でこれらのことはアショーカのあずかり知らぬことであった。

しかし、いずれにしても、アショーカの領土の西北部は外来文化のまじりこむ地帯であった。当然、異民族が存在した。アショーカの法勅はヨーナ人とカンボージャ人にふれているが、前者はギリシャ人、後者はイラン人をさす。アショーカの法勅に用いられた言葉と文字はこの地帯では微妙な変差を示している。東部（パキスタン）ではインド語とカローシュティー文字が用いられた。中部から西部（パキスタンからアフガニスタン）ではアラム語・アラム文字とギリシャ語・ギリシャ文字が用いられた。アラム語・アラム文字は恐らくペルシャ人のために採用されたものであろう。この言葉と文字はメソポタミア起源のものであるが、一種の国際語・国際文字となって、ペルシャ帝国でも用いられていたのである。アラム語はイエス・キリストによっても用いられた。

一九五八年アフガニスタンのカンダハルからアショーカ法勅が発見されたときは、世界の学者が衝撃をうけた。アショーカの支配がそこにまで及んでいたことが事実をもって示されたのである。その法勅は同じ内容を二種類の言語と文字で表記したものであった。ひとつはギリシャ語・ギリシャ文字であり、ひとつはアラム語・アラム文字であった。一九六三年には、同じカンダハルからさらに二つの碑文が発見された。ひとつはギリシャ語・ギリシャ文字で書かれていた。ひとつはアラム文字で書かれていたが、表記されている言葉はインド語とアラム語の二つであった。これらの法勅で説かれていることは法への専心、不殺生、宗教的寛容、長上に対する従順、貧者・従僕等に対する正しい扱い、などである。ギリシャ・ラテンの文献はアショーカやアショーカの法勅に関して沈黙しているが、これらの法勅を目にした西方の人々がなんらの影響をうけなかったということは考えにくい。ヘレニズム時代の西方の文人でインドの哲学に関心を示したものは多い。また、西暦後には、西方の哲学や宗教にインドの影響を指摘しうるものも多い。アショーカは法勅で「法を普及させた」ことを自負しているが、確かにかれの努力は実りなきものではなかったようである。

セイロンの一連の史書が示すところによると、アショーカ王時代にギリシャ人は仏教とかなり深くかかわっている。すなわち、アショーカ王の保護のもとに、上座モッガリプッタ＝ティッサが各地へ九人の伝道師を派遣したとき、ギリシャ人の世界（yonaloka）へはマハーラッキタを派遣し、アパランタカ（ボンベイの北方の海岸ぞいの一帯）へはギリシャ人（yonaka）のダンマラッキタを派遣したというのである。しかし、これらの史書は、最古のもの（『島史』）でも西紀四世紀に現形が成立したとされるのであるから、右の伝承はそれまでのあいだに捏造されたものである可能性が強い。ボンベイ附近の窟院には一、二世紀ごろの「ヨーナ」人の寄進銘が多い。

本書に登場する西方の要衝タクシャシラー（タクシラ）はこのような文化的地帯に位置する。それはアレクサンドロスの遠征に際して戦わずして降服したインドの王タクシレスの故城であり、アショーカ時代にも恐らくまだアレクサンドロスの武勲を記憶にとどめる町であった。マウリヤ朝の広大な領土のなかで、それはアヴァンティのウッジャイニーとともに副首都の地位にある大都市であった。伝説を信ずればアショーカは青年時代ここに足をとどめたことがあり、その子クナーラもここで悲劇を味わった。現在この地には多くの仏教遺跡が残るが、そのなかには前記ダルマラージカー塔のほかにクナーラ塔と称するものもある。伝説どおりなら、タクシャシラーはアショーカ父子にとって思い出の地であるわけだ。

マウリヤ王朝はプシュヤミトラに亡ぼされた。プシュヤミトラはバラモン教を信奉し、バラモン教の重要な儀式「馬祠祭」を二度もおこなった。これは馬を一年放牧して最後に殺すもので、このような大がかりな儀式を二度もおこなったという点で、かれはバラモン教への信仰心のなみなみならぬことを表わし、馬を殺すという点で仏の教えにまっこうから挑戦したのである。

しかし、アショーカによって勢いづけられた仏教の発展はとどまることなく、プシュヤミトラ創始のシュンガ王朝下にもサンチーの塔が増築されるという結果を生んでいる。また、階級制度に固執するバラモン教に対し、平等主義をとく仏教は異邦人に喜んでうけいれられ、国外へと広まった。

## 三　テクストと翻訳

アショーカ王の伝記をしるした文献に次のようなものがある。（山崎元一『アショーカ王伝説の研究』六―一〇ページを参照した。）

(A)サンスクリット語

『ディヴィヤ・アヴァダーナ』（三～四世紀ごろ）

『アショーカ・アヴァダーナ・マーラー』

(B)パーリ語

『ディーパヴァンサ』（島史）（四世紀）

『マハーヴァンサ』（大史）（五世紀）

(C)漢文

『阿育王伝』安法欽訳（三〇六年）

『阿育王経』僧伽婆羅訳（五一二年）

『雑阿含経』求那跋陀羅訳（四三五〜四四三年）（巻二十三（大正蔵2、一六一中〜一七〇下）土の布施、地獄、巡礼、五年大会。巻二十五（大正蔵2、一八〇上〜一八二上）半アーマラカ果）

(D)チベット語

ターラナータ『インド仏教史』（一六〇八年）のなかの第六章。

その他、トピックを個別にとりあげたものに次のようなものがある。（小野玄妙編『仏書解説大辞典』を参照した。）

『阿育王作小児時経』

＊『阿育王供養道場樹経』

『阿育王息壊目因縁経』（大正蔵50所収）

『阿育王太子壊目因縁経』

＊『阿育王施半阿摩勒果経』

このうち、＊印をつけたものは『雑阿含経』からの抄出だという。

また、中国人求法僧の旅行記『法顕伝』や『大唐西域記』にも、諸処にアショーカの伝記がとりあげられている。

『ディヴィヤ・アヴァダーナ』と『阿育王伝』と『阿育王経』におけるアショーカ伝に関する部分は、内容・構成においてかなり一致する。大きな違いは『ディヴィヤ・アヴァダーナ』が「クナーラ」の章を「ヴィータショーカ」の章のまえにおくのに対し、漢訳二典はこの順序を逆にしていることくらいなものである。おそらく三者には共通の淵源が存在するのであろう。漢訳二典のうちどちらのほうが『ディヴィヤ・アヴァダーナ』に近いかということは一概にいえない。分量や詩の多さからいえば、「経」のほうが近いといえそうであるが、内容的にはかえって「伝」のほうが近い場合もある。たとえばアショーカ伝冒頭のマウリヤ王朝の系譜においてそうである。『ディヴィヤ・アヴァダーナ』、『阿育王伝』、『阿育王経』はアショーカの伝記のあとにウパグプタやその他何人かの仏弟子の伝記をのせている。たぶんこの部分はのちに増広された部分なのだろう。おそらくウパグプタを師と仰ぐ人たちがウパグプタを権威づけるためにアショーカ伝を利用したらしいのである。アショーカの伝記の部分に登場するウパグプタすら、そのような意図のもとにあとから押しこめられたものらしい。

「アショーカ・アヴァダーナ」という呼称がしばしば用いられるが、多くの場合、これは「アショーカ伝」といった意味あいで使われているようである。(「アヴァダーナ」は一般に「譬喩」と訳される。「譬喩」はたぶん「教訓例話」というほどの意味をもつだろう。)

だから、「アショーカ・アヴァダーナ」といったら、実際には『ディヴィヤ・アヴァダーナ』や『阿育王伝』その他の経典中に含まれるアショーカ伝を意味することになる。「アショーカ・アヴァダーナ」という奥付《コロフォン》をもつ独立の経典がみつかっているのではない。『ディヴィヤ・アヴァダーナ』の第二十九章は「アショーカ・アヴァダーナ」と銘うっているが、これは誤解を招きやすい。なぜならこれは「半アーマラカ果」の話を扱っているにすぎないからである。

『ディヴィヤ・アヴァダーナ』の成立年代は多くの学者によって三〜四世紀におかれている。『阿育王伝』等の漢訳経典の翻訳年代はこの年代推定の手がかりとなる。「仏像」(buddhapratimā) や「ディーナーラ貨」(dīnāra) の語 (ともに本文(9)ヴィータショーカの出家に出る) の存在も手がかりとなる。仏像製作の開始やローマの貨幣のインド流入は西紀一世紀以後と考えられるからである。(中村元『インド古代史、下』四〇六ページ参照。) 仏像の製作がどのように始まったか明らかではないが、マトゥラーには仏教およびジャイナ教の多くの寺院址があり、両教の祖師像がたくさん発見されている。

本書はサンスクリット語『ディヴィヤ・アヴァダーナ』のアショーカ王の生涯に関する部分の翻訳である。『ディヴィヤ・アヴァダーナ』の刊行はこれまでに二回おこなわれている。

(1) E. B. Cowell and R. A. Neil (ed.), *Divyāvadāna*, Cambridge, 1886. (七つの写本を校訂

したもの、ローマ字印刷。）

(2) P.L. Vaidya (ed.), *Divyāvadāna*, Darbhanga, 1959.（前者を訂正したもの、新資料の利用はない。デーヴァナーガリー文字。）

また、アショーカ王に関する部分のみについては「アショーカ・アヴァダーナ」のタイトルのもとに、次のものが刊行されている。

*The Aśokāvadāna: A Sanskrit Text compared with Chinese versions*, ed., annoted and partly translated by Sujitkumar Mukhopadhyaya, New Delhi, 1963.

本書はヴァイディヤ本（右記(2)）からの翻訳である。*Divyāvadāna* は三十八のアヴァダーナからなり、そのうち第二十六の途中から第二十九の終りまでがアショーカの出生から死までを述べた部分である。これらのアヴァダーナには次のような名がついている。

26 pāṃśupradāna-av.（土くれの布施）
27 kuṇāla-av.（クナーラ）
28 vītaśoka-av.（ヴィータショーカ）
29 aśoka-av.（アショーカ）

この部分の翻訳はすでに早くビュルヌフによって行なわれている。（ただし、マウリヤ王朝の系譜のところから。）

E. Burnouf, *Introduction à l'Histoire du Buddhisme Indien* (deuxième édition, rigoureusement conforme à l'édition originale), Paris, 1876, pp. 319-385.

私は『ディヴィヤ・アヴァダーナ』の翻訳に際して、ビュルヌフ訳と『阿育王伝』『阿育王経』を大いに参考にした。ほかにプシルスキイの『阿育王伝』の仏訳があるが、これも多少参考にした。

J. Przyluski, *La Légende de l'Empereur Açoka*, Paris, 1923, pp. 225-304.

クナーラ・アヴァダーナのみは、すでに邦訳があり、これも参考にした。

岩本裕『仏伝文学・仏教説話』（『仏教聖典選』第二巻）、読売新聞社、一九七四、三五五—三七八ページ。

『ディヴィヤ・アヴァダーナ』の完全なテクストはないらしい。ヴァイディヤ本にもところどころ?がついていて、復元が完全にできていないことを示している。ビュルヌフはその翻訳の注記でしばしばテクストの乱れを指摘し、翻訳不可能と嘆いている。ヴァイディヤ本はそれに比べれば大分読みやすいものになっていると思われる。（私はヴァイディヤ本しかみていない。）それでも、単語間で人称、格、数などが一致しないことがある。しかし、前後から意味はとれるので、そういう場合は意味を優先させて翻訳した。

テクストは散文と韻文とからなる。散文のなかに韻文がまじっているのだが、多くの場合、その韻文は直前の散文と同じ内容をあらわしている。そして、韻文の直前には「ここで、(次のように)述べられている」とか「ここに詩がある」とかの文句がついている。(訳文では「ここに詩がある」に統一した。)恐らく、昔、アショーカ物語を語った人たちは詩だけを暗記していたものであろう。そして、その詩の順序を手がかりに、一つの詩を想起するたびに、そのまえにそれの解説ともいうべき物語をのべていったものにちがいない。

詩の形式はヴァラエティに富む。一行十八音節で二行からなるもの(シュローカ)、一行十一音節で四行からなるもの、一行十九音節で四行からなるもの、等々である。しばしば音節の数がそろわない場合があるが、私は詩の形式について何も知らないので、これがテクストの誤まりなのか、詩作上の正しい理由にもとづくのか判断できない。(韻律については岩本裕『サンスクリット文法綱要』山喜房仏書林、巻末を参照されたい。)ともかく、私は原詩を韻文で翻訳することにした。

韻文を韻文で翻訳するということは極めて困難な仕事である。翻訳者が使用しうる単語は大きな制限をうける。だいいち、原典の作者がすでに自国語をつかっての詩作に大いに苦労したにちがいない。音節の数をそろえるために、ときに無意味な単語をはさんだり、ときには言葉の位置をずらしたり、また、仏を呼ぶのに様々にちがった呼び名を利用している。私はなるべく原詩に用いられている単語を翻訳にも残そうとしたが、しばしば、それが不可能の場合があった。

翻訳に用いた韻文の形式は七五調である。原詩がシュローカの場合は七五調四句に移し、原詩が一行十一音節四行の場合は七五調五句に移し、その他は原詩の分量に応じて、翻訳詩の分量を調節した。

私が柄にもなく、つたない韻文をあえて試みたのにはそれなりの理由がある。第一に、二人の漢訳者が詩の部分は詩の部分として訳していることである。(ただし、『ディヴィヤ・アヴァダーナ』、『阿育王伝』、『阿育王経』の三経において、散文の部分と韻文の部分が一致しない。ある部分を一つが散文であらわしているかと思えば、他方が詩であらわしているという具合である。『ディヴィヤ・アヴァダーナ』の場合、これには現代の編者の判断もかかわっているようである。)

第二に、二人の漢訳者はかなり自由に原詩を翻訳している。同じ長さの詩を、あるときは二行で、あるときは三行で訳し、また原文をかなり切りすてている場合もある。これなら、私にもできないことはないと思った。

第三に、この物語を死んだ経典の遺骸としてではなく、かつて信仰者が情熱をもって唱えたであろうとおりの生きた経典として復元したかった。実際、『ディヴィヤ・アヴァダーナ』にしても、『阿育王伝』『阿育王経』にしても、現存する経はみな諸処に不明の箇所をもっている。その理由として、恐らくこれらの経がもはや人々のあいだで生きて存在しなくなったからということが考えられる。信者たちが情熱をもってそれを口ずさみ、あるいは読むものなら、かれらはたとえ自分流の会通をしても、意味不明の箇所を残さないであろう。そうでなくなったこれらの経典は、いま図書館や学者の書庫にうもれたままになっている。

本書の章割は『ディヴィヤ・アヴァダーナ』『阿育王伝』『阿育王経』のそれを参考にして、私には、原典の「息吹き」を伝えることも翻訳のうちであると思われた。これら三経の章割は必ずしも一致していないし、必ずしも適当ではなく、とくに『ディヴィヤ・アヴァダーナ』においてそれがはなはだしいのでそうした。ちなみに、『阿育王伝』と『阿育王経』の章割を次にかかげておこう。（『ディヴィヤ・アヴァダーナ』のそれは二三四ページでのべた。）

| 『阿育王伝』 | 『阿育王経』 |
| --- | --- |
| (一)本施土縁 | (一)生因縁 |
| (二)阿育王本縁伝 | (二)見優波笈多因縁 |
| (三)阿恕伽王弟本縁 | (三)供養菩提樹因縁・毘多輸柯因縁 |
| (四)駒那羅本縁 | (四)鳩那羅因縁 |
| (五)半菴羅果因縁 | (五)半菴摩勒施僧因縁 |

（伝、経、ともに、このうしろに、ウパグプタ等、仏弟子の伝記がつづく。）

本書の詩につけた番号はヴァイディヤ本の番号をそのまま採用したものである。章ごと

に番号が改まっている。最初の章は途中から訳しているので、本書の詩の番号も途中から
になっている。

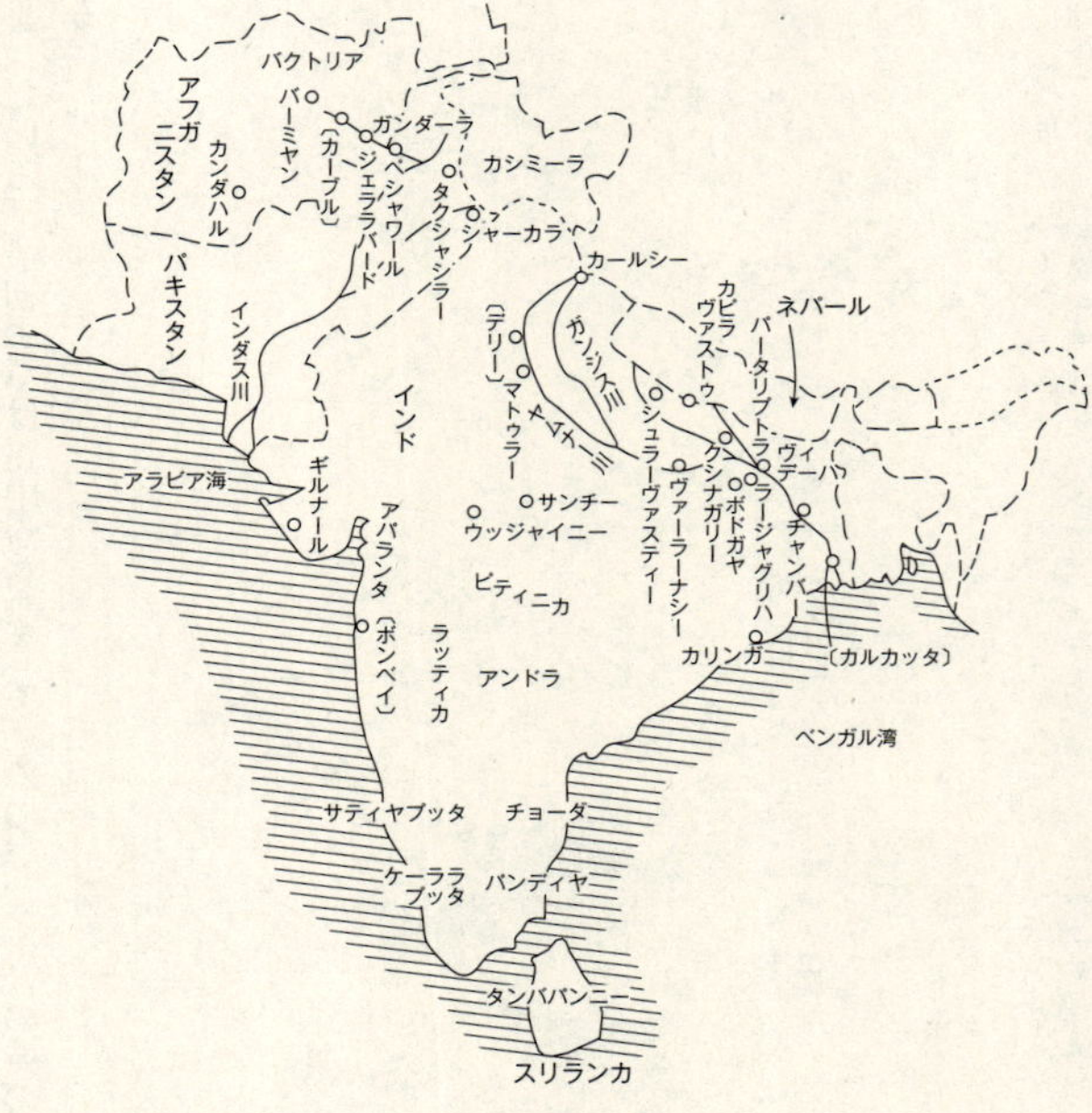


「アショーカ王伝」関係地図

## 付録　「アショーカ王伝」と「ヨサファット物語」

インドの説話文学が世界に大きな影響を与えたことはよく知られている。ここではキリスト教文学に与えた影響の例を示してみよう。

キリスト教の「バルラームとヨサファットの物語」（以下「ヨサファット物語」と略称する）はブッダ伝の翻案として知られている。これによれば、インドの太子ヨサファットは将来、偉大なキリスト教徒になるとの予言をうける。父王はそうはさせじと宮殿を楽しく飾りたてる。しかし、太子は盲人、病人、老人、死人を見て人生の悲惨な面を知り、ついにキリスト教の道に入ってしまう。これが太子シッダールタの伝記の翻案であることは誰の目にも明らかである。

ところで、「ヨサファット物語」のなかには数々の教訓説話がはめこまれているが、その中にはアショーカ王の伝記からとられたと思われるものがある。「ヨサファット物語」についての文献は多いが、このことについて触れたものはあまりない。私はこのことを取りあげるにあたって、これまた諸文献にあまり言及されていないチャルマーズの英訳（原典ギリシャ語）を利用しよう。すなわち次に邦訳する一説話は Chalmers, R., Parables of

Barlaam and Joasaph, JRAS, 1891, p. 433-p. 434 のものである。ただし、内容は Woodward (G. R.) and Mattingly H., John Damascene. *Barlaam and Ioasaph* (Loeb Classical Library), 1914, p. 71-p. 75 と同じである。

……といいますのは、ある偉大で栄光に満ちた王がいたのでございます。あるとき、伴《とも》をひきつれ、黄金の馬車に乗って進んでいくと、やつれて青ざめた顔をし、汚いぼろをまとった二人の男に出会ったのでございます。王はかれらが肉体を軽んじ、苦行で体をいためつけているためにやつれているのだということをみてとりました。そこで、王はかれらを見るが早いか、直ちに車から飛びおり、地面に伏して、敬礼をおこないました。それから身をおこすと、かれらを抱き、かれらに心からの歓迎の意を示したのです。

その光景は大臣や貴族に不快の念を与えました。なぜなら、かれらの目には王の行動は王家の威厳を損うものとみえたからです。かれらは王に面と向かって非を唱える勇気がなかったので、王の弟を動かして王に王家の威厳を汚さないよう諫《いさ》めさせました。王弟は王に迫り、王の無分別な行動を咎《とが》めました。そのとき、王は弟に弁明をおこなったのですが、弟のほうはその意味を理解することができませんでした。

さて、王は誰かに死刑の宣告を下すとき、その人の門前に伝令を送って、死刑宣告用のラッパを吹きならさせるのが慣わしになっていました。その音色をきいた人はみなその家の男が死刑に処せられることを理解するのでした。その日の暮方《くれがた》、王は弟の家の門前に死刑宣告のラッパを送って吹きならさせました。弟はその音をきくや、自分の命はないものと覚悟し、一晩中、身の回りの整理に時間を費やしました。夜が明けると、かれは黒い喪服《もふく》に身をつつみ、妻と子供たちをつれ、涙を流し、嗚咽《おえつ》しながら、王宮の門にやってきました。

王は弟を招《しょう》じ入れ、弟がそのように泣いているのを見て言いました。「愚かで、鈍い男よ。お前はわしに対して何も罪を犯していないのを自分自身よく承知していながら、お前と対等でお前の兄弟であるわしが派遣した伝令にかくも恐れおののいている。それなのにどうしてわしが神の伝令たちに身を屈して挨拶《あいさつ》したのを咎めるのだ。わしは神に対して何度も大きな罪を犯したことを自ら知っておる。その神の伝令たちが、わしが如きもののラッパの音よりはるかにはっきりと、わしに死と（その結果としての）神との恐ろしき対面を告げ知らせているのだぞ。わかるか、わしはお前の愚かさを明かしてみせるためにこんな方便を用いたのだ。わしはわしを非難するようお前を扇動した者たちにも同じように、その愚かさを解《わか》らせてやることができるだろう」王はこのようにやさしい態度を示して、弟を家に帰らせたのでした。

以上のキリスト教の説話に対応するものが、「アショーカ王伝」では二箇所にわかれて存在する。引用は本書からである。

アショーカ王は仏の教えに帰依してまだ間もないうちに、シャカの弟子たちが集まっているところ、あるいは一人でいるところを目撃すると、ただちに彼らの足に自分の頭をつけて挨拶するようになった。王にヤシャスという名の大臣がいて、世尊に対する熱心な帰依者であったが、このヤシャスが王にいった。「王よ、すべての階級の出家者に頭面礼足《ずめんらいそく》をするのはよくありません。シャカの沙弥《しゃみ》（少年修行僧）たちは四階級のすべてから出家しているのです。」それに王はなにも答えなかった。（四九ページ）

〔この話は梵本と『付《ふ》法蔵因縁伝《ほうぞういんねんでん》』第四とにあり、『阿育王伝』と『阿育王経』とに欠く〕。

王はこのあとで、出家者への敬礼の功徳の大なることをヤシャスに知らせるため、動物や人間の頭を集めさせるという方便を用いる。「ヨサファット物語」中の方便はすでにみたとおり、これとはちがうが、しかし、「ヨサファット物語」のに対応するものがやはり「アショーカ王伝」中の別の箇所にある。

アショーカ王に弟がいて、仏教の比丘《びく》（僧）たちを快楽主義者と決めつけていた。王はそうでないことを弟に教えるために方便を用いる。かれに死刑を宣告し、同時に王位を与え、死を思うものに快楽主義は無縁であることをかれが身をもって知るようにしむける。

ヴィータショーカよ。おまえは（今生）一度の死に対する恐怖から、王権を獲得しながらも、喜びを感ずることができないでいる。まして比丘たちは（未来）数百度の死に対して恐怖し、生物が生まれるすべての場所が苦しみを伴っているのを見るのである。……これらの人たちにどうして欲情が生じえよう。（一五一ページ）

こうして弟に真実を悟らせてから、王は弟を抱いて、死刑の宣告が方便であったことを明かすのである。

「ヨサファット物語」は十六世紀にポルトガル人によって日本に伝えられ、「さんばるらあんとさんじょさはつの御作業《ごさぎよう》」として和訳された。参考文献をあげておこう。村岡典嗣『吉利支丹文学抄』一九二六年、改造社。福島邦道他『サントスの御作業』ローマ字篇／一九七六年、翻字・研究篇／一九七九年、勉誠社。

（『仏教説話大系』第十五巻月報所収、すずき出版、一九八二年）

# ちくま学芸文庫版へのあとがき

六月下旬、筑摩書房編集部の北村善洋氏から電話を頂戴した。拙著『アショーカ王伝』（法蔵選書9）、法蔵館、一九八二年版を再刊してちくま学芸文庫に入れたいのですが、いかがですか、ということであった。私に異存はなかったので、直ちに応諾した。

それから数日後、法蔵館から電話があった。「先生の『アショーカ王伝』のことですが」と切り出されたときには、てっきり筑摩書房からの連絡の結果を報じるものだと思った。あにはからんや、「『アショーカ王伝』を法蔵館の文庫に入れたいのですが」ということである。私は驚愕し、すでに筑摩書房に応諾の返事をしたことを伝えた。その後どうなるかと心配していたところ、北村氏から「法蔵館から許可が得られた」ことを知らされ、ほっとした。法蔵館の寛大な処置に心から感謝申し上げる。

法蔵館版は「定方晟著」となっていたが、北村氏の助言で、ちくま学芸文庫版では「定方晟訳」とした。内容に変わりはない。ただし、アショーカ王伝がキリスト教文学に与えた影響を論じた小文を巻末に付した。アショーカ王伝は西暦二世紀頃のローマ世界にまで伝わっていたのである。

西暦前後の数世紀間、インドと西方世界の交流が盛んだったことを示す文献資料は多いが、その一つを紹介しておこう。エジプトのアレクサンドリアはローマ帝国内にあってローマに次ぐ第二の都市であった。その繁栄を極めた様子はギリシャ人弁論家ディオ・クリュソストモスが聴衆に向かって言った次の言葉が示している。時はトラヤヌス帝の時代（九八―一一七）である。

「私はここに集まっておいでの皆さんの間に、ギリシャ人やローマ人だけでなく、近くのシリア人、リビア人、キリキア人、遠くのエティオピア人、アラブ人、またバクトリア人、スキュティア人、ペルシャ人、さらには若干のインド人がおられるのを見ています」

このインド人というのはスリランカやインドの港町バリュガザからやってきた商人に違いない。そして彼らは仏教徒かジャイナ教徒であっただろう。バラモン教徒は自国の習俗に拘束されて他国へ出かけるのを憚っていたからである。実際、仏教文献には自由に海外へ出かける商人や船乗りの話が頻出するのである。これらの仏教徒が西方世界でアショーカ王伝について語ったことは十分に考えられる。

キリスト教神学者バシリデス（二世紀）はグノーシス主義者であって、その教義には仏教の影響が感じられるが、彼が仏教に触れる機会は十分にあったのである。当時のキリスト教の知識人でキリスト教に哲学がないことを不満に思う人が仏教に関心をもったのであろう。

拙訳書にはアショーカ王が活躍した当時のインドの雰囲気が少しでも伝わりやすいよう

に写真を付してある。法蔵館版のそれは私が集めたもので写真は鮮明でないものが多かったが、ちくま学芸文庫版では、北村氏があらたに鮮明な写真を探してくれた。最初の写真「ブッダの王舎城入城」は法蔵館版ではイコノクラストのしわざかブッダの顔が欠けている。北村氏は代わりにアラハーバード博物館の鮮明な彫刻の写真を探し出してくれた。本書の冒頭を飾るすばらしい写真になった。北村氏に深く感謝申し上げる。

二〇二四年八月

定方　晟

ラーマグラーマ（地） Rāmagrāma 〔経〕羅摩村 〔伝〕羅摩聚落 46
リシパタナ（地） Ṛṣipatana 〔経〕仙面処 〔伝〕古仙林 80
ルンビニー園 Lumbinī 〔経〕嵐毘尼林 〔伝〕林牟尼園 69
レーヴァタ（川） Revata 〔伝〕離越 95

耆呵提　178
プンドラヴァルダナ（地）　Puṇḍravardhana　〔経〕分陀跋陀，分那婆陀那〔伝〕満富城，弗那槃達　101, 164
法のアショーカ　Dharmāśoka　〔経〕阿育法王〔伝〕正法阿恕伽王　48

## マ　行

マウリヤ（家）　Maurya　〔経〕孔雀　48, 108, 133, 160, 175
マガダ（国）　Magadha　〔経〕摩伽陀　80
マータンガ（族）　Mātaṅga　〔伝〕摩登伽　91
マトゥラー（地）　Mathurā　〔経〕摩偸羅〔伝〕末突羅　58
マハーヴァナ（川）Mahāvana　〔経〕大林　〔伝〕摩訶婆那　95
マハーカーシャパ　Mahākāśyapa　〔経〕摩訶迦葉，大迦葉〔伝〕（摩訶）迦葉　85
マハープラジャーパティー　Mahāprajāpatī　〔経〕摩訶波闍波提〔伝〕波闍波提　74
マハーマウドガリヤーヤナ　Mahāmaudgalyāyana　〔経・伝〕目揵連　84
マハーマーヤー　Mahāmāyā　〔経・伝〕摩耶　71
マハーマンダラ（王）　Mahāmaṇḍala　〔伝〕莎呵蔓荼羅　23
マンダラ（山）　Mandara　176
ムニハタ（地）Munihata　〔経〕修尼喜多〔伝〕深蔵摩伽提　180
無熱池　→アナヴァタプタ
ムンダ（王）　Muṇḍa　〔伝〕文荼　23
目連　→マハーマウドガリヤーヤナ

## ヤ　行

ヤシャス（上座）　Yaśas　〔経〕耶舎〔伝〕夜舎，夜奢　48, 57, 96, 111, 154
ヤシャス（大臣）　Yaśas　49

## ラ　行

ラージャグリハ（地）　Rājagṛha　〔経・伝〕王舎城　13, 23, 99
ラーダグプタ　Rādhagupta　〔経〕成護〔伝〕羅提掘多，羅提毱多，羅提毱提　26, 33, 102, 159, 168

## ナ　行

ナタバティカー（地） Naṭabhaṭikā　〔経〕那哆婆哆　〔伝〕那羅抜利　58
ナムチ（魔） Namuci　79
ナンダ（王） Nanda　〔伝〕難陀　23
ナンダ（龍） Nanda　〔経・伝〕難陀　84
ナンダー　Nandā　〔経・伝〕難陀　76
ナンダバラー　Nandabalā　〔経〕難陀波羅　〔伝〕跋難陀（？）　76
ニルグランタ（派） Nirgrantha　〔経〕尼揵　〔伝〕尼乾（陀）子　164

## ハ　行

パータリプトラ（地） Pāṭaliputra　〔経〕波吒利弗多，波吒利城　〔伝〕花氏城，華氏城　22, 23, 36, 60, 116, 164, 179
パドマヴァティー　Padmavatī　〔経〕鉢摩鉢底　〔伝〕蓮花　109
バドラーユダ　Bhadrāyudha　〔経〕跋陀羅由他　〔伝〕賢踊　30
バリカ　Bhallika　〔経〕波利　80
バールガヴァ（仙） Bhārgava　〔経〕娑（婆？）羅伽婆　75
ヒマーラヤ（山） Himālaya　〔経・伝〕雪山　110
ピンガラヴァッツァージーヴァ　Piṅgalavatsājīva　〔経〕賓伽羅跋娑　〔伝〕賓陵伽婆嗟　25
ビンドゥサーラ（王） Bindusāra　〔経〕頻頭娑羅　〔伝〕頻頭莎羅　23
ピンドーラ・バラドゥヴァージャ　Piṇḍola Bharadvāja　〔伝〕賓頭盧頗羅堕　〔経〕賓頭盧跋羅豆婆闍　96
ビンビサーラ（王） Bimbisāra　〔経〕頻毘娑羅，頻婆娑羅　〔伝〕頻婆娑羅　23, 75, 93
プシュヤダルマン（王） Puṣyadharman　〔経〕弗沙跋摩，尾鎧　〔伝〕弗舎摩　178
プシュヤミトラ（王） Puṣyamitra　〔経〕弗沙蜜多羅　〔伝〕弗舎密哆　178
プラセーナジット（王） Prasenajit　〔伝〕波斯匿　23
ブリハスパティ（王） Bṛhaspati　〔経〕毘梨訶鉢底，太白　〔伝〕

釈氏　→シャカ
ジャヤ　Jaya　〔経〕闍耶〔伝〕徳勝　16
シャーラドヴァティー　Śāradvatī　83
シャーリプトラ　Śāriputra　〔経・伝〕舎利弗　82
シュッドーダナ（王）Śuddhodana　〔経〕白飯王〔伝〕浄飯王，恕頭檀王　74
シュバ（Śubha）　〔経〕輸頗〔伝〕端厳　142
須弥山　Sumeru　57
シュラーヴァスティー（地）Śrāvastī　〔経・伝〕舎衛国　36, 100
スシーマ　Susīma　〔経〕修私摩〔伝〕宿尸魔，蘇深摩　23
スマーガダー　Sumāgadhā　〔経〕修摩伽陀〔伝〕蘇摩伽帝　101
贍部（洲）Jambū-dvīpa　〔経・伝〕閻浮提　22, 173

## タ　行

帝釈天　Śakra Devendra（＝インドラ）　〔経〕天帝釈〔伝〕帝釈　81, 177
タクシャシラー（地）Takṣaśilā　〔経〕徳叉尸羅〔伝〕得叉尸羅　28, 47, 115
タマサーヴァナ（川）Tamasāvana　〔経〕暗林　95
ダルマヴィヴァルダナ　Dharmavivardhana（＝クナーラ）　〔経〕達磨婆陀那〔伝〕法増　109
ダルマラージカー（寺）Dharmarājikā　〔経〕法王　179
ダンシュトラーニヴァーシン（夜叉）Daṃṣṭrānivāsin　〔経〕（守護仏牙）〔伝〕（護仏法神）　179
チャンダカ　Chandaka　〔経・伝〕車匿　75
チャンダーラ（族）Caṇḍāla　〔経〕旃陀羅，旃陀利〔伝〕真陀羅　122
チャンダーリー（龍）Caṇḍālī　〔経〕旃陀羅〔伝〕真陀羅　57
チャンパー（地）Campā　〔経〕詹波城〔伝〕瞻婆羅　23
ティシュヤラクシター　Tiṣyarakṣitā　〔経〕微沙落起多〔伝〕帝舎羅叉，帝失羅叉　91, 112
天中天　Devātideva　〔経〕天天〔伝〕天中天　74
トゥラクチ　Tulakuci　〔伝〕兜羅貴之　23
トラプシャ　Trapuṣa　〔経〕提謂　80

168
グプタ　Gupta　〔経〕笈多〔伝〕掘多　58
クラクチャンダ（仏）　Krakucchanda　〔経〕迦羅鳩村大〔伝〕迦羅迦孫大　142
クリミシャ（夜叉）　Kṛmiśa　〔経〕己利履〔伝〕禁密舎　179
クンバカーラ（龍）　Kumbhakāla　〔経〕陶師〔伝〕梵志師（？）　57
鶏園寺　Kurkuṭārāma　〔経〕鶏寺〔伝〕鶏頭末寺，鶏頭摩寺　34, 48, 57, 111, 154, 170
賢愚経　Bālapaṇḍita-sūtra　〔伝〕悪嬰愚経　34
コーシュタカ（地）　Koṣṭhaka　〔経〕拘瑟他歌〔伝〕傴羅厥吒　179
香酔山　Gandhamādana　〔経〕香酔山〔伝〕香山　103
ゴータマ　Gotama　172　→シャカ（ムニ）
ゴーパーリー（龍）　Gopālī　〔伝〕牛龍　57
コーリタ　Kolita　84　→マハーマウドガリヤーヤナ

## サ　行

サムドラ　Samudra　〔経・伝〕海　36
サハリン（王）　Sahalin　〔伝〕莎破羅　23
サルヴァミトラ　Sarvamitra　〔経〕一切友〔伝〕薩婆蜜多　104
サーンカーシャ（地）　Sāṃkāśya　〔経〕僧柯奢〔伝〕僧伽戸沙　101
残忍アショーカ　Caṇḍāśoka　〔経〕旃陀阿輸柯〔伝〕悪阿恕伽　33, 49
サンパディ（王）　Saṃpadi　〔経〕三波地〔伝〕弐摩提，弐摩留（？）　170, 178
ジェータ林　Jeta-vana　〔経〕祇洹林〔伝〕祇陀林　82
シャイリーシャカ（殿）　Śairīṣaka　〔経〕舎利沙殿〔伝〕舎利窟　95
シャカ　Śākya，シャカムニ　Śākyamuni　〔経〕釈迦（牟尼）　37, 49, 70, 97, 143
シャーカラ（地）　Śākala　〔経〕沙柯羅〔伝〕舎伽羅　179
シャーキャヴァルダナ（社）　Śākyavardhana　〔経〕釈迦跋陀那〔伝〕諸釈天祀　74

女，波羅奈 80, 141
ヴィガタショーカ Vigataśoka 〔伝〕尽憂 25 →ヴィータショーカ
ヴィジャヤ Vijaya 〔経〕毘闍耶 〔伝〕無勝 17
ヴィータショーカ Vītaśoka（＝ヴィガタショーカ） 〔経〕毘多輸柯 〔伝〕宿大哆（？） 144
ヴィデーハ（国） Videha 〔経〕毘提国 158
ヴィンディヤ（山） Vindhya 〔経〕頻陀山 146
ウダーイバドラ Udāyibhadra，ウダーイン Udāyin 〔伝〕優陀那抜陀羅 23
ウドゥラカ（仙） Udraka 〔経〕鬱頭藍弗 〔伝〕鬱頭藍 75
ウトパラヴァルナー Utpalavarṇā 〔経〕鬱波羅槃尼柯 〔伝〕蓮花比丘尼 101
ウパガ Upaga 〔経〕優波祇 80
ウパグプタ Upagupta 〔経〕優波笈多 〔伝〕優波掘多，優波毱多，憂波毱多 58, 69, 165
ウパナンダ（龍） 〔経〕優波難陀 〔伝〕抜難陀 84
ヴリシャセーナ（王） Vṛṣasena 〔経〕毘梨沙斯那，牛畢 178
ウルマンダ（山） Urumaṇḍa 〔経〕優楼漫陀 〔伝〕優留慢荼 58

## カ 行

カーカヴァルニン（王） Kākavarṇin 〔伝〕烏耳 23
カーシミーラ（地）Kāśmīra 〔経・伝〕罽賓 95
カシャ（国）Khaśa 〔経〕佉師 〔伝〕佉沙 28
カーシャパ（仏） Kāśyapa 〔経・伝〕迦葉 166
カピラヴァストゥ（地） Kapilavastu 〔経・伝〕迦毘羅城 〔経〕迦比羅婆修斗 74
カーリカ（龍）Kālika 〔経〕迦梨 〔伝〕迦羅 77
カリンダカ Kalindaka 〔経・伝〕迦蘭陀 13
カーンチャナマーラー Kāñcanamālā 〔経〕千（干？）遮那摩羅 〔伝〕真金鬘 111
ギリカ Girika 〔経〕耆利柯 〔伝〕耆梨 33
クシナガリー（地） Kuśinagarī 〔経・伝〕拘尸那城 81
クナーラ Kuṇāla 〔経〕鳩那羅 〔伝〕駒那羅，拘那羅 104, 109,

# 固有名詞索引

〈凡例〉

1 「アショーカ王伝」本文の固有名詞を五十音順に配列し，サンスクリットの原名および漢訳名を対照した。

2 サンスクリット名はヴァイディヤ本『ディヴィヤ・アヴァダーナ』に、漢訳名は「大正大蔵経」第50巻所収の『阿育王経』および『阿育王伝』によった。

3 〔経〕は『阿育王経』の、〔伝〕は『阿育王伝』の略語を示す。

4 （地）・（山）などの指示のない項目は、原則として人名である。

5 ページ数は章で初出の個所を示す。

## ア 行

アカニシュタ（阿迦尼瑟吒）天　Akaniṣṭha　〔経・伝〕阿迦膩吒　19, 100

アシタ（仙）　Asita　〔伝〕阿斯陀仙　74

アージーヴィカ（派）　Ājīvika　〔経〕（外道）　80, 164

アジャータシャトル（王）　Ajātaśatru　〔経・伝〕阿闍世　23, 46

アショーカ（王）　Aśoka　〔経〕阿育，阿輸柯，阿輸迦，〔伝〕阿恕伽，阿育　22, 25, 32, 48, 57, 69, 91, 109, 144, 168　→残忍アショーカ，法のアショーカ

アナヴァタプタ（池）　Anavatapta　〔経〕阿耨（達）池　〔伝〕阿耨大池　95

アナータピンダダ　Anāthapiṇḍada　〔経〕孤独（長者）〔伝〕須達多　101, 168

アーナンダ　Ānanda　〔経・伝〕阿難　20, 58, 88

アパラーラ（龍）　Apalāla　〔経〕阿波羅囉　〔伝〕阿波波龍　57

アーラーダ（仙）　Ārāḍa　〔伝〕阿蘭加羅　75

インドラ　Indra　→帝釈天

ヴァイジャヤンタ（宮殿）　Vaijayanta　〔経〕最勝法堂，最勝殿〔伝〕帝釈宮　84

ヴァクラ　Vatkula　〔経〕薄拘羅　〔伝〕婆駒羅　87

ヴァーラーナシー（地）　Vārāṇasī　〔経〕波羅捺国　〔伝〕波羅捺

本書は、一九八二年一月十日、法蔵館より刊行された。文庫化にあたっては、図版をさしかえ、明らかな誤りは適宜訂正した。また付録として新たに訳者の文章を加えた。

**十牛図**　上田閑照・柳田聖山

禅の古典「十牛図」を手引きに、自己と他、自然と人間、自身への関わりを通し、真の自己への道を探る。現代語訳と詳注を併録。（西村惠信）

**原典訳 ウパニシャッド**　岩本裕編訳

インド思想の根幹であり後の思想の源ともなったウパニシャッド。本書では主要篇を抜粋、梵我一如、輪廻・業・解脱の思想を浮き彫りにする。（立川武蔵）

**世界宗教史（全8巻）**　ミルチア・エリアーデ

宗教現象の史的展開を膨大な資料を博捜し著された人類の壮大な精神史。エリアーデの遺志にそって共同執筆された諸地域の宗教の巻を含む。

**世界宗教史 1**　ミルチア・エリアーデ　中村恭子訳

人類の原初の宗教的営みに始まり、メソポタミア、古代エジプト、インダス川流域、ヒッタイト、地中海地域、初期イスラエルの諸宗教を収める。

**世界宗教史 2**　ミルチア・エリアーデ　松村一男訳

20世紀最大の宗教学者のライフワーク。本巻はヴェーダの宗教、ゼウスとオリュンポスの神々、ディオニュソス信仰等を収める。（荒木美智雄）

**世界宗教史 3**　ミルチア・エリアーデ　島田裕巳訳

仰韶、竜山文化から孔子、老子までの古代中国の宗教と、バラモン、ヒンドゥー、仏陀とその時代、オルフェウスの神話、ヘレニズム文化などを考察。

**世界宗教史 4**　ミルチア・エリアーデ　柴田史子訳

ナーガールジュナまでの仏教の歴史とジャイナ教から、ヒンドゥー教の総合、ユダヤ教の試練、キリスト教の誕生などを収録。（島田裕巳）

**世界宗教史 5**　ミルチア・エリアーデ　鶴岡賀雄訳

古代ユーラシア大陸の宗教、八―九世紀までのキリスト教、ムハンマドとイスラーム、イスラームと神秘主義、ハシディズムまでのユダヤ教など。

**世界宗教史 6**　ミルチア・エリアーデ　鶴岡賀雄訳

中世後期から宗教改革前夜までのヨーロッパの宗教運動、宗教改革前後における宗教、魔術、ヘルメス主義の伝統、チベットの諸宗教を収録。

世界宗教史7　ミルチア・エリアーデ　奥山倫明／木塚隆志／深澤英隆訳

エリアーデ没後、同僚や弟子たちによって完成された最終巻の前半部。メソアメリカ、インドネシア、オセアニア、オーストラリアなどの宗教。

世界宗教史8　ミルチア・エリアーデ　奥山倫明／木塚隆志／深澤英隆訳

西・中央アフリカ、南・北アメリカの宗教、日本の神道と民俗宗教。啓蒙期以降ヨーロッパの宗教的創造性と世俗化などを収録。全8巻完結。

回教概論　大川周明

最高水準の知性を持つと言われたアジア主義者の力作。イスラム教の成立経緯や、経典などの要旨が的確に記された第一級の概論。（中村廣治郎）

神社の古代史　岡田精司

古代日本ではどのような神々が祀られていたのか。《祭祀の原像》を求めて、伊勢、宗像、住吉、鹿島など主要な神社の成り立ちや特徴を解説する。

中国禅宗史　小川隆

唐代から宋代において、禅の思想は大きく展開した。各種禅語録を思想史的な文脈に即して読みなおす試み。〈禅の語録〉全二〇巻の「総説」を文庫化。

原典訳 チベットの死者の書　川崎信定訳

死の瞬間から次の生までの間に魂が辿る四十九日の旅――中有（バルドゥ）のありさまを克明に描き、死者に正しい解脱の方向を示す指南の書。

インドの思想　川崎信定

多民族、多言語、多文化。これらを併存させるインドという国を作ってきた考え方とは。ヒンドゥー教や仏教等、主要な思想を案内する恰好の入門書。

旧約聖書の誕生　加藤隆

旧約聖書は多様な見解を持つ文書を寄せ集めて作られた書物である。各文書が成立した歴史的事情から旧約を読み解く。現代日本人のための入門書。

神道　トーマス・カスーリス　衣笠正晃訳　守屋友江監訳

日本人の精神構造に大きな影響を与え、国の運命をも変えてしまった「カミ」の複雑な歴史を、米比較宗教学界の権威が鮮やかに描き出す。

**ミトラの密儀**
フランツ・キュモン
小川英雄訳

東方からローマ帝国に伝えられ、キリスト教と覇を競った謎の古代密儀宗教。その全貌を初めて明らかにした、第一人者による古典的名著。（前田耕作）

**生の仏教 死の仏教**
京極逸蔵

アメリカ社会に大乗仏教を根付かせた伝道師による、世界一わかりやすい仏教入門。知識としてではなく、心の底から仏教が理解できる！（ケネス田中）

**空海コレクション1**
空海
宮坂宥勝監修

主著『十住心論』の精髄を略述した『秘蔵宝鑰』、及び顕密を比較対照して密教の特色を明らかにした『弁顕密二教論』の二篇を収録。（立川武蔵）

**空海コレクション2**
空海
宮坂宥勝監修

真言密教の根本思想『即身成仏義』『声字実相義』『吽字義』及び密教独自の解釈による『般若心経秘鍵』と『請来目録』を収録。（立川武蔵）

空海コレクション3
**秘密曼荼羅十住心論（上）**
福田亮成校訂・訳

日本仏教史上最も雄大な思想書。無明の世界から抜け出すための光明の道を、心の十の発展段階（十住心）として展開する。上巻は第五住心までを収録。

空海コレクション4
**秘密曼荼羅十住心論（下）**
福田亮成校訂・訳

下巻は、大乗仏教から密教へ。第六住心の唯識、第七中観、第八天台、第九華厳を経て、第十の法身大日如来の真実をさとる真言密教の奥義までを収録。

**修験道入門**
五来重

国土の八割が山の日本では、仏教や民間信仰と結合して修験道が生まれた。霊山の開祖、山伏の修行等を通して、日本人の宗教の原点を追う。（鈴木正崇）

**鎌倉仏教**
佐藤弘夫

宗教とは何か。それは信念をいかに生きるかということだ。法然・親鸞・道元・日蓮らの足跡をたどり、鎌倉仏教を「生きた宗教」として鮮やかに捉える。

**観無量寿経**
佐藤春夫訳・注
石田充之解説

我が子に命狙われる「王舎城の悲劇」で有名な浄土仏教の根本経典。思い通りに生きることのできない我々を救う究極の教えを、名訳で読む。（阿満利麿）

**道教とはなにか**　坂出祥伸

「道教がわかれば、中国がわかる」と魯迅は言った。伝統宗教として現在でも民衆に根強く崇拝されている道教の全貌とその究極的真理を詳らかにする。

**須弥山と極楽**　定方晟

仏教は宇宙をどう捉えたか。五世紀インドの書『倶舎論』の須弥山説を基礎に他説も参照し、仏教的宇宙観とその変遷を簡明に説いた入門書。（佐々木閑）

**唯信鈔文意**　親鸞　阿満利麿解説

『教行信証』と並ぶ親鸞の代表作。弟子の疑問に答えるべく書かれた浄土仏教最善の入門書にして、親鸞の思想の全てがこめられた一冊。

**増補 日蓮入門**　末木文美士

多面的な思想家、日蓮。権力に挑む宗教家、内省的な理論家、大らかな夢想家など、人柄に触れつつ遺文を読解き、思想世界を探る。（花野充道）

**反・仏教学**　末木文美士

人間は本来的に、公共の秩序に収まらないものを抱えた存在だ。〈人間〉の領域＝倫理を超えた他者／死者との関わりを、仏教の視座から問う。

**禅に生きる**　鈴木大拙コレクション　鈴木大拙　守屋友江編訳

静的なイメージで語られることの多い大拙。しかし彼の仏教は、この世をよりよく生きていく力を与えるアクティブなものだった。その全貌に迫る著作選。

**文語訳聖書を読む**　鈴木範久

明治期以来、多くの人々に愛読されてきた文語訳聖書。名句の数々とともに、日本人の精神生活と表現世界を豊かにした所以に迫る。文庫オリジナル。

**内村鑑三交流事典**　鈴木範久

近代日本を代表するキリスト者・内村鑑三。その多彩な交流は、一個の文化的山脈を形成していた。事典形式で時代と精神の姿に迫る。文庫オリジナル。

**ローマ教皇史**　鈴木宣明

二千年以上、全世界に影響を与え続けてきたカトリック教会。その組織的中核である歴代のローマ教皇に沿って、キリスト教全史を読む。（藤崎衛）

**龍樹の仏教**　細川巌

第二の釈迦と讃えられながら自力での成仏を断念した龍樹は、誰もが仏になれる道の探求に打ち込んでいく。法然・親鸞を導いた究極の書。（柴田泰山）

**阿含経典1**　増谷文雄編訳

ブッダ生前の声を伝える最古層の経典の集成。第1巻は、ブッダの悟りの内容を示す経典群、人間の肉体と精神を吟味した経典群を収録。（立川武蔵）

**阿含経典2**　増谷文雄編訳

第2巻は、人間の認識（六処）の分析と、ブッダ最初の説法の記録である実践に関する経典群、祇園精舎を訪れた人々との問答などを収録。（佐々木閑）

**阿含経典3**　増谷文雄編訳

第3巻は、仏教の根本思想を伝える初期仏伝資料と、ブッダ最後の伝道の旅、沙羅双樹のもとでの〈大いなる死〉の模様の記録などを収録。（下田正弘）

**バガヴァッド・ギーターの世界**　上村勝彦

宗派を超えて愛誦されてきたヒンドゥー教の最高経典が、仏教や日本の宗教文化、日本人の思考に与えた影響を明らかにする。（前川輝光）

**邪教・立川流**　真鍋俊照

女犯の教義と髑髏本尊の秘法のゆえに、徹底的に弾圧、邪教法門とされた真言立川流の原像を復元し、異貌のエソテリズムを考察する。貴重図版多数。

**増補 チベット密教**　ツルティム・ケサン　正木晃

インド仏教に連なる歴史、正統派・諸派の教義、個性的な指導者、性的ヨーガを含む修行法。真実の姿を正確に分かり易く解説。（上田紀行）

**密教**　正木晃

謎めいたイメージが先行し、正しく捉えづらい密教。その歴史・思想から、修行や秘儀、チベットの性的ヨーガまでを、明快かつ端的に解説する。

**増補 性と呪殺の密教**　正木晃

性行為を用いた修行や呪いの術など、チベット密教に色濃く存在する闇の領域。知られざるその秘密に分け入り、宗教と性・暴力の関係を抉り出す。

**大嘗祭**　真弓常忠

天皇の即位儀礼である大嘗祭は、秘儀であるがゆえ多くの謎が存在し、様々な解釈がなされてきた。歴史的由来や式次第を辿り、その深奥に迫る。

**正法眼蔵随聞記**　水野弥穂子訳

日本仏教の最高峰・道元の人と思想を理解するうえで最良の入門書。厳密で詳細な注、わかりやすく正確な訳を付した決定版。（増谷文雄）

**空海**　宮坂宥勝

現代社会における思想・文化のさまざまな分野から注目をあつめている空海の雄大な密教体系！　空海密教研究の第一人者による最良の入門書。

**一休・正三・白隠**　水上勉

乱世に風狂一代を貫いた一休。武士道を加味した禅をとなえた鈴木正三。諸国を行脚し教化につくした白隠。伝説の禅僧の本格評伝。（柳田聖山）

**本地垂迹**　村山修一

日本古来の神と大陸伝来の仏、両方の信仰を融合する神仏習合理論。前近代の宗教史的中核にして日本文化の基盤をなす世界観を読む。（末木文美士）

**東方キリスト教の世界**　森安達也

ロシア正教ほか東欧を中心に広がる東方キリスト教。複雑な歴史と多岐にわたる言語に支えられて発展した、教義と文化を解く貴重な書。（浜田華練）

**治癒神イエスの誕生**　山形孝夫

「病気」に負わされた「罪」のメタファから人々を解放すべく闘ったイエス。古代世界から連なる治癒神の系譜をもとに、イエスの実像に迫る。

**近現代仏教の歴史**　吉田久一

幕藩体制下からオウム真理教まで。社会史・政治史を絡めながら思想史的側面を重視し、主要な問題を網羅した画期的な仏教総合史。（末木文美士）

**沙門空海**　渡辺照宏　宮坂宥勝

日本仏教史・文化史に偉大な足跡を残す巨人・弘法大師空海にまつわる神話・伝説を洗いおとし、真の生涯に迫る空海伝の定本。（竹内信夫）

インド洋海域世界の歴史　家島彦一

陸中心の歴史観に異を唱え、海から歴史を見る重要性を訴えた記念碑的名著。世界を一つにつなげた文明の交流の場、インド洋海域世界の歴史を紐解く。

向う岸からの世界史　良知力

「歴史なき民」こそが歴史の担い手であり、革命の主体であった。著者の思想史から社会史への転換点を示す記念碑的作品。（阿部謹也）

イギリス社会史 1580-1680　キース・ライトソン　中野忠／山本浩司訳

変わらないと思われていた社会秩序が崩れていく激動の百年を描き切ったイギリス社会史不朽の名著。近代的格差社会の原点がここにある。

子どもたちに語るヨーロッパ史　ジャック・ル・ゴフ　前田耕作監訳　川崎万里訳

歴史学の泰斗が若い人に贈る、とびきりの入門書。地理的要件や歴史、とくに中世史を、たくさんのエピソードとともに語った魅力あふれる一冊。

中東全史　バーナード・ルイス　白須英子訳

キリスト教の勃興から20世紀末まで。中東学の世界的権威が、中東全域における二千年の歴史を一般読者に向けて書いた、イスラーム通史の決定版。

隊商都市　ミカエル・ロストフツェフ　青柳正規訳

通商交易で繁栄した古代オリエント都市のペトラ、パルミュラなどの遺跡に立ち、往時に思いを馳せたロマン溢れる歴史紀行の古典的名著。（前田耕作）

法然の衝撃　阿満利麿

法然こそ日本仏教を代表する巨人であり、ラディカルな革命家だった。鎮魂慰霊を超えて救済の原理を指し示した思想の本質に迫る。

親鸞・普遍への道　阿満利麿

絶対他力の思想はなぜ、どのように誕生したのか。日本の精神風土と切り結びつつ普遍的救済への回路を開いた親鸞の思想の本質に迫る。（西谷修）

歎異抄　阿満利麿訳／注／解説

没後七五〇年を経てなお私たちの心を捉える、親鸞の言葉。わかりやすい注と現代語訳、今どう読んだらよいか道標を示す懇切な解説付きの決定版。

**親鸞からの手紙**　阿満利麿

現存する親鸞の手紙全42通を年月順に編纂し、現代語訳と解説で構成。これにより、親鸞の人間的苦悩と宗教的深化が、鮮明に現代に立ち現れる。

**行動する仏教**　阿満利麿

戦争、貧富の差、放射能の恐怖……。このどうしようもない世の中でも、絶望せずに生きてゆける、21世紀にふさわしい新たな仏教の提案。

**無量寿経**　阿満利麿注解

なぜ阿弥陀仏の名を称えるだけで救われるのか。法然や親鸞がその理解に心血を注いだ経典の本質を、懇切丁寧に説き明かす。文庫オリジナル。

**『歎異抄』講義**　阿満利麿

参加者の質問に答えながら碩学が一字一句解説した『歎異抄』入門の決定版。読めばなぜ南無阿弥陀仏と称えるだけでいいのかが心底納得できる。

**柳宗悦**　阿満利麿

私財をなげうってまで美しいものの蒐集に奔走した柳宗悦。それほどに柳を駆り立てたのは、美が宗教的救済をもたらすという確信だった。（鈴木照雄）

**道元禅師の『典座教訓』を読む**　秋月龍珉

「食」における禅の心とはなにか。道元が禅寺の食事係である典座の心構えを説いた一書を現代人の日常の視点で読み解き、禅の核心に迫る。（竹村牧男）

**原典訳 アヴェスター**　伊藤義教訳

ゾロアスター教の聖典『アヴェスター』から最重要部分を精選。原典から訳出した唯一の邦訳である。比較思想に欠かせない必携書。（前田耕作）

**書き換えられた聖書**　バート・D・アーマン　松田和也訳

キリスト教の正典、新約聖書。聖書研究の大家がそこに含まれる数々の改竄・誤謬を指摘し、書き換えられた背景とその原初の姿に迫る。（筒井賢治）

**カトリックの信仰**　岩下壮一

神の知恵への人間の参与とは何か。近代日本カトリシズムの指導者・岩下壮一が公教要理を詳説し、キリスト教の精髄を明かした名著。（稲垣良典）

**王の二つの身体（上）**　E・H・カントーロヴィチ　小林公訳

王の可死の身体は、いかにして不可死の身体へと変容するのか。異貌の亡命歴史家による最もラディカルな「王権の解剖学」。

**王の二つの身体（下）**　E・H・カントーロヴィチ　小林公訳

王朝、王冠、王の威厳。権力の自己荘厳のメカニズムを冷徹に分析する中世政治神学研究の金字塔。必読の問題作。全2巻。

**世界システム論講義**　川北稔

近代の世界史を有機的な展開過程として捉える見方、それが〈世界システム論〉にほかならない。第一人者が豊富なトピックとともにこの理論を解説する。

**インド文化入門**　辛島昇

異なる宗教・言語・文化が多様なまま統一された稀有な国インド。なぜ多様性は排除されなかったのか。共存の思想をインドの歴史に学ぶ。（竹中千春）

**ブルゴーニュ公国の大公たち**　ジョゼフ・カルメット　田辺保訳

中世末期、ヨーロッパにおいて燦然たる文化的達成を遂げたブルゴーニュ公国。大公四人の生涯と事績を史料の博捜とともに描出した名著。（池上俊一）

**中国の歴史**　岸本美緒

中国とは何か。独特の道筋をたどった中国社会の変遷を、東アジアとの関係に留意して解説。初期王朝から現代に至る通史を簡明かつダイナミックに描く。

**大都会の誕生**　喜安朗　川北稔

都市型の生活様式は、歴史的にどのように形成されてきたのか。この魅力的な問いに、碩学がふたつの都市の豊富な事例をふまえて重層的に描写する。

**兵士の革命**　木村靖二

キール軍港の水兵蜂起から、全土に広がったドイツ革命。軍内部の詳細分析を軸に、民衆も巻き込みながら帝政ドイツを崩壊させたダイナミズムに迫る。

**女王陛下の影法師**　君塚直隆

ジョージ三世からエリザベス二世、チャールズ三世まで、王室を陰で支えつづける君主秘書官たち。その歴史から、英国政治の実像に迫る。（伊藤之雄）

**ハプスブルク帝国1809–1918**
A・J・P・テイラー　倉田稔訳
ヨーロッパ最大の覇権を握るハプスブルク帝国。その19世紀初頭から解体までを追う。多民族を抱えつつ外交問題に苦悩した巨大国家の足跡。（大津留厚）

**歴史（上）**
トゥキュディデス　小西晴雄訳
野望、虚栄、裏切り——古代ギリシアを殺戮の嵐に陥れたペロポネソス戦争とは何だったのか。その全貌を克明に記した、人類最古の本格的「歴史書」。

**歴史（下）**
トゥキュディデス　小西晴雄訳
多くの「力」のせめぎあいを通して、どのように諸々の政治制度が確立されてきたのか？　透徹した眼差しで激動の古代ギリシア世界を描いた名著。

**日本陸軍と中国**
戸部良一
中国スペシャリストとして活躍し、日中提携を夢見た男たち。なぜ彼らが、泥沼の戦争へと日本を導くことになったのか。真相を追う。（五百旗頭真）

**世界をつくった貿易商人**
フランチェスカ・トリヴェッラート　玉木俊明訳
東西インド会社に先立ち新世界に砂糖をもたらし西欧にインドの捺染技術を伝えたディアスポラの民。その商業組織の全貌に迫る。文庫オリジナル。

**カニバリズム論**
中野美代子
根源的タブーの人肉嗜食や纏足、宦官……。目を背けたくなるものを冷静に論ずることで逆説的に人間の真実に迫る血の滴る異色の人間史。（山田仁史）

**インド大反乱一八五七年**
長崎暢子
東インド会社の傭兵シパーヒーの蜂起からインド各地へ広がった大反乱。民族独立運動の出発点ともいえるこの反乱は何が支えていたのか。（井坂理穂）

**帝国の陰謀**
蓮實重彦
一組の義兄弟による陰謀から生まれたフランス第二帝政。「私生児」の義弟が遺した二つのテクストを読解し、近代的現象の本質に迫る。（入江哲朗）

**増補　モスクが語るイスラム史**
羽田正
モスクの変容——そこには宗教、政治、経済、美術、人々の生活をはじめ、イスラム世界の全歴史が刻み込まれている。その軌跡を色鮮やかに描き出す。

**増補 普通の人びと**
クリストファー・R・ブラウニング 谷喬夫 訳
ごく平凡な市民が無抵抗なユダヤ人を並べ立たせ、ひたすら銃殺する——なぜ彼らは八万人もの大虐殺に荷担したのか。その実態と心理に迫る戦慄の書。

**叙任権闘争**
オーギュスタン・フリシュ 野口洋二 訳
十一世紀から十二世紀にかけ、西欧では聖職者の任命をめぐり教俗両権の間に巨大な争いが起きた。この出来事を広い視野から捉えた中世史の基本文献。

**ナチズムの美学**
ソール・フリードレンダー 田中正人 訳
ナチズムが民衆を魅惑した、意外なものの正体は何か。ホロコースト史研究の権威が第二次世界大戦後の映画・小説等を分析しつつ迫る。（竹峰義和）

**大航海時代**
ボイス・ペンローズ 荒尾克己 訳
人類がはじめて世界の全体像を識っていく大航海時代。その二百年の膨大な史料を、一般読者むけに俯瞰図としてまとめ上げた決定版通史。（伊高浩昭）

**衣服のアルケオロジー**
フィリップ・ペロー 大矢タカヤス 訳
下着から外套、帽子から靴まで。19世紀ブルジョワジーを中心に、あらゆる衣類が記号として機能してきた実態を、体系的に描くモードの歴史社会学。

**20世紀の歴史（上）**
エリック・ホブズボーム 大井由紀 訳
第一次世界大戦の勃発が20世紀の始まりとなった。この「短い世紀」の諸相を英国を代表する歴史家が渾身の力で描く。全二巻、文庫オリジナル新訳。

**20世紀の歴史（下）**
エリック・ホブズボーム 大井由紀 訳
一九七〇年代を過ぎ、世界に再び危機が訪れる。不確実性がいやますなか、ソ連崩壊が20世紀の終焉を印した。歴史家の考察は我々に何を伝えるのか。

**アラブが見た十字軍**
アミン・マアルーフ 牟田口義郎／新川雅子 訳
十字軍とはアラブにとって何だったのか？ 豊富な史料を渉猟し、激動の12、13世紀をあざやかに、しかも手際よくまとめた反十字軍史。

**バクトリア王国の興亡**
前田耕作 作
ゾロアスター教が生まれ、のちにヘレニズムが開花したバクトリア。様々な民族・宗教が交わるこの地に栄えた王国の歴史を描く唯一無二の概説書。

ちくま学芸文庫


アショーカ王伝《おうでん》

二〇二四年十月十日　第一刷発行

訳　者　定方晟（さだかた・あきら）
発行者　増田健史
発行所　株式会社　筑摩書房
東京都台東区蔵前二―五―三　〒一一一―八七五五
電話番号　〇三―五六八七―二六〇一（代表）
装幀者　安野光雅
印刷所　株式会社精興社
製本所　株式会社積信堂




ISBN978-4-480-51274-1 C0115